TARTES

ET GATEAUX

W0409601

Signification des symboles accompagnant les recettes

Recettes
- élémentaire
- facile
- difficile

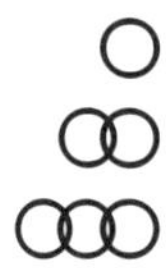

Recettes
- peu coûteuse
- raisonnable
- chère

Que de cœurs a-t-on pu conquérir avec un dessert. Ne dit-on pas que Peau d'Ane conquit l'amour de son prince grâce à un gâteau pétri de ses mains ?

Réalisées avec de la pâte brisée, sablée ou feuilletée, garnies de fruits frais ou secs, de flan ou de crème, les tartes, proposées au dessert ou au goûter, ne présentent à priori aucun caractère nouveau.

Si cet ouvrage nous permet de retrouver certaines tartes classiques, il vous propose aussi des associations nouvelles. Les possibilités sont nombreuses. Il suffit de laisser l'imagination improviser et composer avec la vaste gamme de fruits proposée actuellement sur les marchés, en abondance et en toute saison.

Quel plaisir de se retrouver à la fin d'un repas devant un dessert aussi beau que bon ! Un gâteau à la fin du repas est toujours un moment d'émotion, surtout si l'on se retrouve entre amis à l'occasion d'un événement familial. Il y a un dessert pour chaque fête et chaque nouvelle fête peut inventer son dessert. L'important, c'est de charmer les yeux des gourmets, avant de satisfaire le goût.

Un gâteau doit être choisi en fonction du plat principal, de la circonstance et de la saison. Si le plat principal est copieux, le dessert devra être léger et inversement. Un gâteau à base de fruits terminera agréablement un repas riche.

La décoration et la présentation sont très importantes pour donner un air de fête. Au gré de l'imagination, chacun ou chacune pourra varier la présentation et offrir un dessert personnalisé ou même adapté aux circonstances (anniversaire, Noël, fête, communion, etc.).

RECETTES DE BASE

BISCUIT

✕ ○

8 à 10 personnes.
Pour un biscuit de 22 cm de diamètre.
Préparation : 15 mn.
Cuisson : 30 mn, 210 °C.

Ingrédients :
4 œufs
200 g de sucre
200 g de beurre fondu
200 g de farine
1 pincée de levure en poudre
Beurre et farine pour le moule.

Battre les œufs et le sucre au fouet électrique jusqu'à ce que le mélange forme le ruban (5 minutes). Ajouter le beurre fondu tiède puis la farine tamisée avec la levure. Mélanger délicatement à l'aide d'une cuillère en bois. Verser la préparation dans un moule beurré et fariné et enfourner à four chaud.

Retirer en fin de cuisson et démouler aussitôt sur une grille, laisser refroidir.

REMARQUE

Tous les gâteaux contenus dans ce livre ont été réalisés pour 8 à 10 personnes, dans des moules de 25 cm de diamètre. Tous les gâteaux moulés en cercle l'ont été dans des cercles de 25 cm de diamètre et de 7 cm de hauteur. Si l'on ne dispose pas d'un cercle, utiliser un saladier.

BISCUIT AUX AMANDES

✕ ○○

8 à 10 personnes.
Pour un moule de 25 cm de diamètre.
Préparation : 15 mn.
Cuisson : 40 mn, 210 °C.

Ingrédients :
3 œufs
150 g de sucre
150 g de beurre fondu tiède
100 g de farine
1 pincée de levure
50 g de poudre d'amande
Beurre pour le moule
50 g d'amandes effilées.

Travailler les œufs et le sucre au fouet électrique jusqu'à ce que le mélange fasse le ruban (5 minutes). Ajouter le beurre fondu tiède puis le mélange de farine, levure et amandes en poudre. Mélanger délicatement avec une spatule en bois. Verser la préparation dans un moule beurré et chemisé d'amandes effilées.

Mettre à cuire au four. Vérifier la cuisson à l'aide de la pointe d'un couteau.

Démouler sur une grille et laisser refroidir.

BISCUIT DE SAVOIE

✕✕ ○

8 à 10 personnes.
Pour un moule de 25 cm de diamètre.
Préparation : 30 mn.
Cuisson : 40 mn, 210 °C.

Ingrédients :
5 œufs
150 g de sucre
125 g de farine
Beurre et farine pour le moule.

Travailler les jaunes d'œufs avec 100 g de sucre à l'aide d'un fouet électrique jusqu'à ce que le mélange blanchisse et fasse le ruban.

Monter les blancs en neige et ajouter 50 g de sucre. Fouetter en neige ferme.

Incorporer la farine dans le précédent mélange et les blancs en dernier. Mélanger délicatement et verser la préparation dans un moule beurré et fariné. Mettre à cuire.

Démouler sur une grille, laisser refroidir.

BISCUIT SACHER

8 à 10 personnes.
Préparation : 25 mn.
Cuisson : 40 mn, 210 °C.

Ingrédients :
125 g de beurre
120 g de sucre
6 œufs
80 g de farine
125 g de chocolat
80 g de poudre d'amande
Beurre et farine pour le moule.

Ramollir le beurre et le travailler en crème avec 80 g de sucre. Ajouter 5 jaunes d'œufs, 1 œuf entier puis le chocolat fondu au bain-marie, la farine et la poudre d'amande. Incorporer en dernier les 5 blancs d'œufs montés en neige ferme avec 40 g de sucre. Mélanger délicatement avec une spatule en bois et verser la préparation dans un moule beurré et fariné. Mettre en cuisson.

Démouler sur une grille et laisser refroidir.

GENOISE

8 à 10 personnes.
Pour un moule rond de 25 cm de diamètre.
Préparation : 30 mn.
Cuisson : 40 mn, 210 °C.

Ingrédients :
4 œufs
125 g de sucre
125 g de farine
80 g de beurre
Beurre et farine pour le moule.

Battre les œufs et le sucre au bain-marie en fouettant sans arrêt pendant 10 minutes. Retirer du feu et fouetter jusqu'à complet refroidissement. Ajouter délicatement la farine tamisée à l'aide d'une spatule en bois. Ajouter le beurre fondu tiède. Verser la préparation dans un moule beurré et fariné. Faire cuire.

Démouler sur une grille, laisser refroidir.

CONSEIL

Pour vérifier la cuisson d'un biscuit, piquer une aiguille à brider ou la lame d'un couteau à l'intérieur. Celle-ci doit ressortir sèche.

Utiliser un moule très largement beurré et fariné ou un moule en téfal.

Pour bien imbiber un biscuit, utiliser un pinceau de cuisine.

Pour monter un gâteau, commencer toujours par poser le socle du gâteau sur un plat de service, l'imbiber de sirop à l'alcool choisi puis étaler la garniture à l'aide d'une spatule. Poser le deuxième disque de biscuit, l'imbiber à nouveau et ainsi de suite en utilisant tous les ingrédients.

Pour personnaliser les gâteaux, il existe dans le commerce et dans le rayon pâtisserie des grandes surfaces de nombreux produits de décoration : perles d'argenture, dragées, violettes cristallisées, roses en pâte d'amandes, inscriptions pour anniversaire, fêtes, Noël, petits personnages en pâte d'amandes, smarties, etc.

PATE A CHOUX

Pour 300 g environ.
Préparation : 10 mn.
Cuisson : 5 mn.

Ingrédients :
12,5 cl d'eau
2 g de sel
4 g de sucre
50 g de beurre
80 g de farine type 45
2 à 2 1/2 œufs moyens.

Porter à ébullition l'eau, le sel, le sucre et le beurre. Ne pas laisser bouillir. Ajouter, hors du feu et en une seule fois, la farine tamisée en remuant énergiquement avec une spatule en bois.

Remettre sur le feu pour dessécher la pâte, sans cesser de remuer. On doit obtenir une pâte assez ferme : la panade.

Mettre la panade dans une calotte et lui faire absorber à l'aide de la spatule une première moitié d'œuf. Continuer à incorporer les œufs peu à peu par moitié.

La pâte doit être lisse et souple sans toutefois couler.

PATE BRISEE

Pour 400 g environ.
Préparation : 10 mn.

Ingrédients :
250 g de farine
125 g de beurre
1 cuil. à soupe de sucre
1 pincée de sel
1/2 verre d'eau.

Creuser une fontaine dans le mélange tamisé farine-sel-sucre. Ajouter le beurre coupé en petits morceaux.

Pétrir entre le bout des doigts. Ajouter l'eau pour obtenir une pâte souple.

Rouler en boule. Fariner et laisser reposer 30 minutes.

PATE FEUILLETEE

Pour 1,3 kg environ.
Préparation : 30 mn.
Repos : 1 h 10 mn.

Ingrédients :
500 g de farine
500 g de beurre
2 cuil. à café rases de sel
1/4 l d'eau.

Creuser une fontaine dans la farine tamisée et le sel. Verser l'eau progressivement en mélangeant à la farine. Travailler rapidement. Laisser reposer 20 minutes au frais.

Abaisser cette détrempe. Aplatir le beurre au rouleau. Le poser au centre de la pâte et l'enfermer en ramenant les bords.

Abaisser la pâte en un rectangle de 20 cm sur 60 cm. Plier en 3 afin d'obtenir un carré de 20 cm sur 20 cm (1er tour).

Tourner la pâte d'1/4 de tour. Abaisser puis plier en 3. Laisser reposer au frais 20 minutes. Donner à nouveau 2 tours et laisser reposer 20 minutes. Donner les 2 derniers tours.

Laisser reposer 10 minutes avant emploi.

Se conserve au frais dans un sachet plastique.

PATE LEVEE

Pour 500 g environ.
Préparation : 20 mn.
Repos : 30 mn.

Ingrédients :
250 g de farine
120 g de beurre
1 œuf
20 g de levure de boulanger
15 cl de lait
1 pincée de sel
2 cuil. à soupe de sucre.

Faire tiédir le lait et ajouter le sucre. Y diluer la levure. On peut également ajouter le beurre coupé en morceaux pour le ramollir.

Dans une terrine, travailler progressivement la farine, l'œuf et le sel. Ajouter le lait et le beurre ramolli.

Battre la pâte jusqu'à ce qu'elle ne colle plus aux parois.

La couvrir d'un linge et laisser lever dans un endroit tempéré (30 minutes environ).

PATE SABLEE

Pour 500 g environ.
Préparation : 10 mn.

Ingrédients :
250 g de farine
125 g de beurre
1 œuf
1 pincée de sel
50 g de sucre.

Travailler dans une terrine l'œuf entier, le sucre et le sel jusqu'à obtention d'une mousse blanchâtre.

Ajouter la farine tamisée en une seule fois. Travailler rapidement du bout des doigts pour sabler. Incorporer le beurre pas trop ferme et coupé en petits morceaux.

Rouler en boule.

On peut parfumer cette pâte avec du zeste de citron râpé, une pincée de vanille...

PATE SUCREE

Pour 500 g environ.
Préparation : 10 mn.
Cuisson : 10 mn à 180 °C.

Ingrédients :
250 g de farine
100 g de sucre glace
100 g de beurre
1 œuf.

Sabler la farine, le sucre et le beurre. Ajouter l'œuf battu. Travailler encore quelques instants.

Rassembler en boule et conserver au frais, enveloppé dans du film plastique, jusqu'à utilisation.

Dans le cas de grosses tartes à couper en parts, ajouter dans la farine 2 g de levure chimique afin que la pâte soit aérée et plus facile à couper.

Vu sa teneur en sucre, la pâte se tiendra mieux en incorporant du blanc d'œuf à la place de l'eau.

PATE A BISCUIT ROULADE

8 personnes.
Préparation : 10 mn.
Cuisson : 7 à 8 mn à 200 °C

Ingrédients :
4 jaunes d'œufs
75 g de sucre
50 g de farine
50 g de fécule
4 blancs d'œufs + 25 g de sucre.

Casser les œufs. Séparer les jaunes des blancs. Fouetter les jaunes énergiquement en ajoutant le sucre en pluie. Le mélange augmente de volume et épaissit. Y incorporer rapidement les blancs montés en neige ferme avec le sucre prévu puis la farine et la fécule tamisées.

Etaler l'appareil sur une feuille de papier sulfurisé de 20 x 30 cm légèrement beurrée, sur une épaisseur régulière. Cuire immédiatement.

Dès la fin de la cuisson, faire glisser la feuille de biscuit sur une surface froide pour éviter que le biscuit ne sèche.

N'enlever le papier qu'au moment de l'emploi. Au cas où le biscuit aurait un peu trop séché, le retourner et humidifer le papier avec un pinceau pour faciliter le décollage.

PATE A TULIPES

Pour 400 g environ.
Préparation : 5 mn.
Cuisson : 5 mn.

Ingrédients :
100 g de farine
100 g de sucre glace
4 blancs d'œufs
1 cl de crème.

Tamiser farine et sucre glace dans un saladier. Les travailler au fouet avec les blancs et la crème jusqu'à ce que la pâte devienne lisse.

Etaler la pâte au pinceau sur une plaque très légèrement graissée et soigneusement nettoyée.

Cuire à four chaud, 210 °C (th. 7), pendant 4 à 5 minutes. Dès que les bords colorent, mouler la tulipe sur un verre posé à l'envers.

PATE A BRIOCHE

Pour 500 g environ.
Préparation : 15 mn.
Fermentation : 3 h.

Ingrédients :
250 g de farine type 45
5 g de sel
15 g de sucre
1 1/2 œufs
10 g de levure de bière
3 cl d'eau tiède
125 g de beurre.

Travailler la farine mélangée avec le sel, la levure délayée dans un peu d'eau tiède, le sucre et les œufs. Former une boule qui doit ressembler à une détrempe un peu molle. Taper fortement la pâte sur le plan de travail en la repliant sur elle-même pour la rendre élastique. Si la pâte est trop ferme, on peut ajouter un peu d'eau ou 1 demi-œuf.

Prendre une moitié de la pâte et lui incorporer le beurre légèrement ramolli. La mélanger au reste en coupant la pâte puis en la retravaillant.

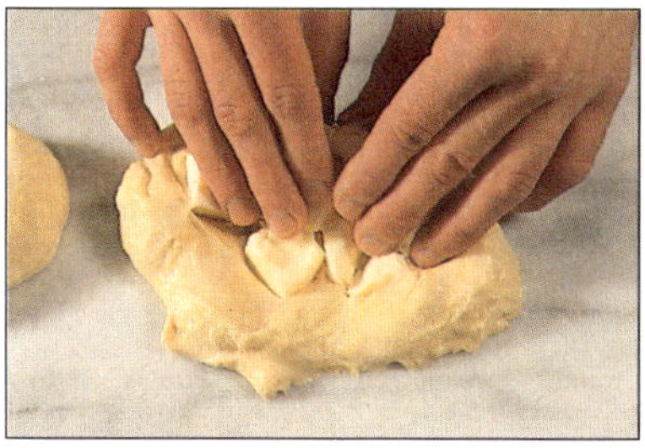

Réserver dans un saladier. Recouvrir la pâte d'un film plastique et la laisser tripler de volume dans un endroit tempéré.

Rompre la pâte, c'est-à-dire la verser sur la table préalablement farinée, la tapoter pour la "dégonfler". Replier la pâte sur elle-même plusieurs fois. La remettre à lever une deuxième fois dans un endroit plus frais, pour la raffermir.

PATE A SAVARIN

10 à 12 personnes.
Préparation : 10 mn.
Fermentation : 1 h 30 mn.

Ingrédients :
250 g de farine
4 g de sel
20 g de sucre
15 g de levure
8 cl d'eau tiède
3 œufs
80 g de beurre fondu.

Mélanger la farine, le sel, la levure délayée dans un peu d'eau, le sucre, les œufs et une partie de l'eau. Travailler la pâte pour la rendre élastique. Ajouter peu à peu l'eau restante. Laisser lever dans un endroit tempéré (30 °C), à l'abri des courants d'air.

Quand la pâte a triplé de volume, incorporer le beurre fondu.

Garnir les moules préalablement beurrés aux 2/3, laisser lever jusqu'aux bords et mettre à cuire aussitôt à four moyen, 200 °C (th. 6-7).

MERINGUE LEGERE

Pour 300 g environ.
Préparation : 10 mn.

Ingrédients :
4 blancs d'œufs
250 g de sucre en poudre.

Battre les blancs avec la moitié du sucre. Quand les blancs sont bien fermes, ajouter le reste de sucre et continuer à battre.

Dresser sur du papier sulfurisé ou du papier de cuisson.

Cuire dans un four non hermétiquement fermé, à 110 °C (th. 3-4), pour permettre à la vapeur de s'échapper.

MERINGUE ITALIENNE

Pour 400 g environ.
Préparation : 20 mn.

Ingrédients :
4 blancs d'œufs
250 g de sucre
6 cl d'eau.

Cuire le sucre et l'eau au petit boulé. Verser en filet sur les blancs d'œufs montés aux 2/3.

Fouetter jusqu'à complet refroidissement.

Utilisation (après complet refroidissement) : crème au beurre à l'italienne, soufflés glacés, nougat glacé.

MERINGUE SUISSE

Pour 300 g environ.
Préparation : 30 mn.
Cuisson : 10 mn.

Ingrédients :
4 blancs d'œufs
250 g de sucre.

Réunir dans une calotte blancs et sucre.

Battre sur un bain-marie à 60 °C. Le mélange devient mousseux et épaissit. Retirer du feu et battre jusqu'à complet refroidissement (20 °C) en ajoutant quelques gouttes de jus de citron. Lorsqu'elle est ferme, la meringue est prête.

S'utilise surtout pour les petits fours ou pour la décoration.

CREME AU BEURRE

Pour 400 g environ.
Préparation : 20 mn.
Cuisson : 10 mn.

Ingrédients :
1 œuf + 3 jaunes
180 g de sucre
5 cl d'eau
250 g de beurre.

Porter le sucre et l'eau à ébullition, sur feu moyen. Remuer au début.

Maintenir à ébullition pendant 5 minutes environ. On atteint la cuisson dite au petit boulé. La vérifier consiste à tremper une cuillère dans l'eau froide puis dans le sucre en cuisson et à nouveau dans l'eau froide. La consistance doit alors permettre de former une petite boule.

Verser ce sucre cuit en un mince filet sur l'œuf et les jaunes, en fouettant énergiquement. Continuer à fouetter pour alléger la préparation qui épaissit et blanchit en refroidissant.

Quand la masse est froide (15 à 18 °C), incorporer le beurre en pommade, en fouettant pour rendre la préparation homogène.

CREME GANACHE

Pour 500 g environ.
Préparation : 45 mn.
Cuisson : 5 mn.

Ingrédients :
10 cl de lait
5 cl de crème
375 g de chocolat.

Porter à ébullition le lait et la crème. Concasser le chocolat. Verser le lait et la crème sur le chocolat et, hors du feu, le faire fondre en remuant avec un fouet.

Laisser refroidir jusqu'à presque totale solidification.

Réchauffer un peu et remuer énergiquement pour faire blanchir le mélange.

La crème ganache doit rester souple pour permettre le garnissage des gâteaux. Elle s'utilise comme une crème au beurre.

CREME ANGLAISE

pour 6 dl de crème.
Préparation : 10 mn.
Cuisson : 10 mn.

Ingrédients :
1/2 l de lait
6 jaunes d'œufs
80 g de sucre
1 gousse de vanille.

Mettre le lait à bouillir avec le sucre et la gousse de vanille fendue en deux dans la longueur.

Détendre les jaunes d'œufs avec un peu de lait puis verser le tout dans le lait bouillant. Cuire jusqu'à la nappe en remuant sans arrêt. Débarrasser la crème dans un saladier. Remuer de temps en temps jusqu'à complet refroidissement.

CREME PATISSIERE

pour 6 dl de crème.
Préparation : 5 mn.
Cuisson : 4 mn à ébullition.

Ingrédients :
1/2 l de lait
1 gousse de vanille
80 g de sucre
4 jaunes d'œufs
50 g de farine ou 1 cuil. à soupe de poudre à crème.

Mettre le lait à bouillir avec la gousse de vanille fendue en deux dans la longueur.

Mélanger les jaunes, le sucre, la farine ou poudre à crème. Travailler le mélange à la spatule. Y incoporer un peu de lait prélevé sur la quantité pour détendre le mélange puis verser le tout dans le lait. Cuire 4 minutes à ébullition, en remuant sans arrêt, puis débarrasser la crème dans un saladier.

CONSEIL

Pour éviter de faire croûter la surface de la crème, on peut beurrer le dessus ou saupoudrer la surface de sucre semoule.

SIROP DE BASE
pour imbiber les gâteaux

Pour 1 gâteau.
Préparation : 3 mn.
Cuisson : 3 mn.

Ingrédients :
1 dl d'eau
120 g de sucre
5 cl d'alcool choisi (voir la recette).

Mettre l'eau et le sucre à bouillir 3 minutes à petit feu puis retirer, ajouter l'alcool (rhum, anis, Cointreau, etc.). Utiliser aussitôt.

Badigeonner le gâteau à l'aide d'un pinceau.

CONSEIL

Pour imbiber un gâteau pour une fête enfantine, remplacer le sirop à l'alcool par du jus d'orange.

LES FEUILLES DE GELATINE

La gélatine est obtenue grâce à la transformation sous l'action de la chaleur, d'une substance contenue dans les os, les cartilages et les tendons.

Les feuilles de gélatine se vendent dans tous les supermarchés au rayon pâtisserie.

Trop de personnes renoncent à préparer des recettes dès lors qu'elles contiennent des feuilles de gélatine. C'est dommage car elles sont faciles d'utilisation.

UTILISATION

Pour les utiliser, il faut mettre les feuilles à tremper dans une grande quantité d'eau froide. Les laisser quelques minutes. Les retirer lorsqu'elles sont molles, jeter l'eau. Bien égoutter les feuilles entre les mains.

Les poser dans un petit saladier, mettre celui-ci au bain-marie. Les feuilles vont fondre entièrement. Verser ce liquide gélatineux dans la préparation qui doit être froide (une mousse de fruit ou une chantilly).

Pour une préparation chaude, il ne sera pas nécessaire de faire fondre les feuilles au bain-marie, il suffira de les mettre directement dans le liquide chaud et elles se dissoudront. Remuer le liquide à l'aide d'un fouet.

Si l'on a à sa disposition un four à micro-ondes on pourra utiliser celui-ci pour faire fondre les feuilles déjà ramollies et mises dans un saladier. Compter quelques secondes.

COULIS DE FRUIT ROUGE

Pour 3 dl environ.
Préparation : 10 mn.

Ingrédients :
250 g de fraises, de framboises ou de groseilles
70 g de sucre
Le jus d'1/2 citron.

Laver, équeuter les fruits, les mixer. Passer la pulpe au chinois, ajouter le citron, sucrer.

Réserver au frais.

COULIS DE GRIOTTE

Pour 5 dl environ.
Préparation : 10 mn.
Cuisson : 10 mn.

Ingrédients :
500 g de griottes
200 g de sucre en poudre
1 cuil. à soupe de kirsch.

Porter à ébullition les griottes dénoyautées avec le sucre. Réduire le feu. Laisser cuire 10 minutes.

Passer au mixer puis au chinois. Ajouter le kirsch.

COULIS DE POIRE

Pour 8 dl environ.
Préparation : 15 mn.
Cuisson : 10 mn.

Ingrédients :
500 g de fruits frais.

Sirop léger :
300 g d'eau
150 g de sucre.

Eplucher et épépiner les fruits. Les pocher dans un sirop léger. Mixer, puis passer au chinois pour éliminer les fibres des fruits.

Si l'on utilise des poires au sirop en boîte, les mixer et les passer au chinois.

On peut procéder de même avec des abricots, des pêches, des brugnons...

SAUCE A L'ORANGE

Pour 2 dl environ.
Préparation : 10 mn.
Cuisson : 30 mn.

Ingrédients :
3 oranges
100 g de sucre semoule.

Eplucher les oranges. Les couper grossièrement et les faire cuire avec le sucre et 1/4 l d'eau pendant 30 minutes.

Les passer à la moulinette et au chinois. Ajouter un peu de sucre si nécessaire.

Ce procédé s'applique à tous les agrumes.

SAUCE AU CHOCOLAT

Pour 2,5 dl environ.
Préparation : 5 mn.
Cuisson : 5 mn.

Ingrédients :
12 cl de lait
150 g de chocolat.

Concasser le chocolat. Verser le lait bouillant par-dessus. Placer le tout au bain-marie. Rectifier la consistance au moment de servir.

Au besoin, si la sauce est trop épaisse, ajouter un peu de lait froid.

SAUCE AU CHOCOLAT A LA MENTHE

Pour 3,5 dl environ.
Préparation : 5 mn.
Cuisson : 5 mn.

Ingrédients :
250 g de chocolat à croquer
45 cl de crème fraîche
70 g de sucre en poudre
1 cuil. à soupe de crème de menthe.

Mettre à chauffer à feu doux le chocolat en morceaux avec la crème fraîche. Laisser frémir 3 minutes.

Hors du feu, incorporer le sucre et la crème de menthe.

Cette crème peut être servie chaude ou froide, pour napper gâteau et glace.

SAUCE CARAMEL

Pour 7 dl environ.
Préparation : 10 mn.
Cuisson : 15 mn.

Ingrédients :
100 g de sucre
6 cl d'eau
1/2 l de lait
5 jaunes d'œufs
50 g de sucre.

Faire cuire le sucre avec 3 cl d'eau. Lorsque le caramel prend une couleur blond foncé, arrêter la cuisson en versant 3 cl d'eau avec précaution.

Verser le lait et porter à ébullition en remuant pour dissoudre le caramel. Finir la préparation comme une crème anglaise.

TARTES

TARTE AUX ABRICOTS

6 à 8 personnes.

Préparation : 20 mn.
Cuisson : 30 mn.

Ingrédients :
350 g de pâte levée (p. 15)
750 g d'abricots
200 g de sucre
1 sachet de sucre vanillé
100 g de beurre
100 g de farine
75 g d'amandes en poudre.

Laver, sécher, couper en 2 et dénoyauter les abricots.

Mélanger du bout des doigts le beurre, le sucre, la farine, le sucre vanillé et la poudre d'amande pour obtenir un mélange sableux.

Abaisser la pâte sur 1/2 cm d'épaisseur. En foncer un moule à tarte beurré à bords hauts.

Disposer les abricots sur la pâte et recouvrir du mélange sableux.

Faire cuire à four moyen, 180 °C (th.6), pendant 30 minutes.

TARTE A L'ARLESIENNE

6 à 8 personnes.

Préparation : 15 mn.
Cuisson : 35 mn.

Ingrédients :
300 g de pâte brisée (p. 14)
1 boîte d'abricots au sirop
150 g d'amandes moulues
30 cl de crème
1 œuf
125 g de sucre
Gelée de groseille.

Abaisser la pâte au rouleau. En foncer un moule à tarte beurré et fariné. Piquer le fond.

Mélanger à la fourchette la crème, l'œuf, le sucre et les amandes. Verser sur la pâte.

Disposer sur le dessus les oreillons d'abricot, côté bombé vers le bas. Mettre un peu de gelée de groseille à la place de chaque noyau.

Faire cuire à four moyen, 180 °C (th.6) pendant 35 minutes.

TARTE A L'ABRICOT

6 personnes.

Préparation : 30 mn.
Cuisson : 30 mn.
Repos : 30 mn.

Ingrédients :
200 g de pâte sablée (p. 15)
1 kg d'abricots
2 œufs
100 g de sucre
Une pincée de cannelle
5 cl de crème fraîche.

Foncer un moule à tarte de 25 cm de diamètre avec la pâte.

Dénoyauter les abricots, les mettre sur un plat et les saupoudrer légèrement de sucre en poudre. Laisser reposer 30 minutes.

Mixer les œufs entiers, la crème fraîche, le sucre, 5 abricots dénoyautés et la cannelle.

Garnir le fond de tarte avec les oreillons d'abricots restants. Verser dessus le mélange mixé et cuire au four 30 minutes, à 210 °C (th. 7).

Démouler et servir froid.

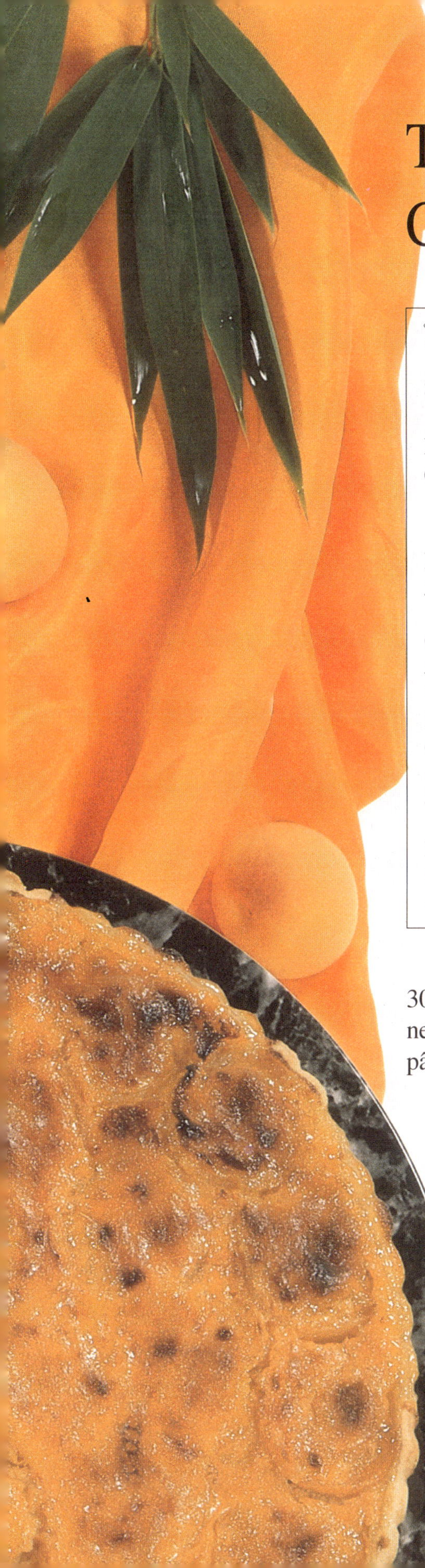

TARTE AUX CERISES

8 personnes.

Préparation : 15 mn.
Cuisson : 35 mn.

Ingrédients :
300 g de pâte brisée (p. 14).

Garniture :
500 g de cerises
Un peu de cannelle
90 g de sucre
60 g de poudre d'amandes
1 œuf
30 g de beurre.

Nappage :
Gelée de groseille
1 cuil. à café de rhum.

Saupoudrer les cerises avec 30 g de sucre et un peu de cannelle. Foncer un moule avec la pâte.

Travailler le beurre ramolli avec le reste de sucre, les amandes et l'œuf. Verser les cerises égouttées sur la pâte. Recouvrir avec la crème. Mettre cuire au four à 210 °C, (th. 7), 35 minutes. Laisser refroidir.

Napper la tarte de gelée de groseille allongée de rhum.

TARTE AU CITRON

6 personnes.

Préparation : 25 mn.
Cuisson : 40 mn.

Ingrédients :
300 g de pâte brisée (p. 14)
4 œufs
150 g de sucre
60 g de beurre fondu
2 cl de crème
Zeste râpé et jus de 2 gros citrons.

Meringue :
2 blancs d'œufs
125 g de sucre.

Foncer un moule à tarte. Préparer l'appareil au citron : battre les œufs avec le sucre, ajouter le zeste de citron finement râpé puis le jus des citrons, la crème, le beurre fondu.

Garnir la tarte (on pourrait également faire une cuisson à blanc de quelques minutes avant de garnir la pâte). Faire cuire à 200 °C, (th. 6-7), jusqu'à coloration de la pâte et coagulation de l'appareil.

Retirer du four, démouler. Décorer avec la meringue. Colorer quelques minutes à four moyen, 210 °C (th. 7).

TARTE A L'ANANAS

6 personnes.

Préparation : 10 mn.
Cuisson : 40 mn.
Repos : 30 mn.

Ingrédients :
Pâte :
250 g de farine
125 g de beurre
1 verre de lait
1 pincée de sel.

Garniture :
8 tranches d'ananas
8 bigarreaux
1/2 l de lait
4 jaunes d'œufs
125 g de sucre en poudre
60 g de farine
5 cl de rhum
30 g de beurre.

Préparer la pâte comme une pâte brisée. La laisser reposer 30 minutes. En garnir un moule et faire cuire à blanc 20 minutes. Laisser refroidir.

Battre les jaunes d'œufs avec le sucre jusqu'à ce qu'ils blanchissent. Ajouter la farine puis le lait chaud. Faire épaissir sur le feu, en remuant sans laisser bouillir. Retirer du feu dès que la crème nappe la cuillère. Laisser refroidir en remuant de temps en temps puis verser sur la pâte.

Faire dorer les tranches d'ananas dans du beurre et les disposer ensuite sur la tarte, ainsi que les bigarreaux. Arroser avec le rhum et flamber.

TARTE EXOTIQUE

Travailler le beurre en pommade avec le sucre, l'œuf et le jaune, les amandes.

Abaisser la pâte. En foncer un moule à tarte. Garnir de crème d'amandes sur 1,5 cm d'épaisseur. Cuire sans dessécher.

Après refroidissement, garnir de crème pâtissière parfumée au rhum. Si la pâte d'amandes est un peu sèche, l'imbiber d'un peu de jus d'orange.

Garnir harmonieusement avec les fruits. Faire adhérer quelques amandes sur le pourtour.

6 personnes.

Préparation : 30 mn.
Cuisson : 25 mn à 200 °C.

Ingrédients :
300 g de pâte brisée (p. 14)
100 g de beurre
125 g de sucre
125 g d'amandes
1 œuf + 1 jaune
300 g de crème pâtissière
Nappage blond
30 g d'amandes effilées
Assortiment de fruits exotiques.

TARTE CREOLE

6 à 8 personnes.

Préparation : 20 mn.
Cuisson : 40 mn.
Macération : 1 h.

Ingrédients :
300 g de pâte sablée (p. 15)
50 g de raisins secs
4 cuil. à soupe de rhum
125 g de sucre
1 sachet de sucre vanillé
25 cl de crème
4 jaunes d'œufs.

Mettre les raisins à macérer 1 heure dans le rhum.

Abaisser la pâte au rouleau. Foncer un moule à tarte beurré et fariné.

Fouetter ensemble les jaunes d'œufs, le sucre et le sucre vanillé. Ajouter la crème, les raisins et le rhum.

Verser cette préparation sur la pâte. Veiller à bien répartir les raisins.

Faire cuire à four moyen, 200 °C (th.7), pendant 40 minutes.

Servir la tarte complètement refroidie.

TARTE DES ILES

6 à 8 personnes.

Préparation : 40 mn.
Cuisson : 35 à 40 mn.

Ingrédients :
250 g de pâte brisée (p. 14)
100 g de noix de coco râpée
25 cl de crème fraîche
2 œufs
60 g de sucre
50 g de raisins secs
10 cl de rhum
1 ananas
1 kiwi
1 orange.

Abaisser la pâte au rouleau. En foncer un moule à tarte beurré et fariné.

Préparer les fruits. Enlever l'écorce de l'ananas, le couper en tranches de 1 cm d'épaisseur et le couper en quartiers. Peler l'orange à vif et prélever les quartiers. Peler le kiwi et le couper en tranches. Réserver les fruits au frais.

Mélanger la noix de coco, la crème fraîche, les œufs, le sucre, les raisins secs et le rhum.

Répartir l'ananas sur le fond de tarte. Verser la crème.

Faire cuire au four, 200 °C (th.6-7).

Laisser refroidir. Décorer avec l'orange et le kiwi. Saupoudrer avec un peu de noix de coco râpée.

TARTE A LA BANANE

Recette n° 1

6 à 8 personnes.

Préparation : 20 mn.
Cuisson : 40 mn.

Ingrédients :
300 g de pâte brisée (p. 14)
3 bananes
1 citron
80 g de raisins secs
50 g d'amandes effilées
2 œufs
50 cl. de crème
100 g. de sucre.

Abaisser la pâte au rouleau et en foncer un moule à tarte beurré.

Emincer les bananes et les arroser avec le jus de citron.

Tapisser le fond de tarte avec les rondelles de banane. Répartir par-dessus les raisins et les amandes.

Battre les œufs avec la crème et le sucre. Ajouter le zeste râpé du citron. Verser sur les fruits.

Faire cuire à four moyen, 160 °C (th.5), pendant 40 minutes.

Recette n° 2

6 à 8 personnes.

Préparation : 20 mn.
Cuisson : 30 mn.

Ingrédients :
300 g de pâte brisée (p. 14)
100 g de sucre
2 œufs
15 cl de crème
3 cuil. à soupe de noix de coco râpée
5 bananes
1 citron
2 cuil. à soupe de rhum
60 g de raisins secs
Sucre glace pour saupoudrer.

Eplucher les bananes. Les couper en rondelles. Les arroser avec le jus de citron et le rhum.

Abaisser la pâte au rouleau. En foncer un moule à tarte beurré. Piquer le fond à la fourchette. Faire cuire à blanc, 180 °C (th. 6), pendant 10 minutes.

Mélanger la crème, le sucre et les œufs. Ajouter le jus de macération des bananes et la noix de coco râpée. Parsemer le fond de tarte de raisins secs. Disposer les bananes pardessus et les recouvrir avec la crème.

Mettre à four moyen, 200 °C (th.7) pendant 15 minutes.

Saupoudrer de sucre glace avant de servir.

TARTE AU CITRON MERINGUEE

6 à 8 personnes.

Préparation : 30 mn.
Cuisson : 40 mn.

Ingrédients :
250 g de pâte sucrée (p.16)
25 g de poudre à crème pâtissière (ou de maïzena)
1/4 l d'eau
80 g de beurre
100 g de sucre
2 œufs
2 citrons non traités
80 g de sucre.

Abaisser la pâte et foncer le moule beurré. Piquer le fond avec une fourchette. Faire cuire à blanc à four moyen, 210 °C, (th. 7), pendant 20 à 25 minutes.

Râper le zeste d'un citron et le réserver.

Faire bouillir l'eau avec le sucre et le jus des citrons. Ajouter la poudre à crème préalablement diluée dans un peu d'eau prélevée sur le 1/4 l, et les jaunes d'œufs. Laisser épaissir.

Hors du feu, ajouter le beurre coupé en petits morceaux et le zeste râpé.

Etaler la crème sur la tarte.

Battre les blancs d'œufs en neige. Ajouter le sucre. Poser le meringage sur la crème.

Remettre la tarte à four doux pour dorer la meringue.

TARTE AU FROMAGE ET AUX CITRONS VERTS

XX OO

6 à 8 personnes.

Préparation : 20 mn.
Cuisson : 50 mn.

Ingrédients :
300 g de pâte brisée (p. 14)
200 g de fromage blanc
3 œufs
2 citrons
100 g de sucre fin.

Décor :
3 citrons verts
1 dl d'eau
60 g de sucre.

Abaisser la pâte au rouleau. En foncer un moule à tarte beurré et fariné. Piquer le fond à la fourchette. Faire cuire à blanc pendant 10 minutes, 180 °C (th. 6).

Battre le fromage blanc avec les œufs. Ajouter le sucre et le jus des citrons. Verser sur le fond de tarte. Faire cuire à four moyen pendant 30 minutes, 190 °C (th. 6-7).

Préparer un sirop avec l'eau et le sucre. Laver les citrons. Les couper en fines rondelles et les faire pocher à feu doux pendant 15 minutes.

Disposer les rondelles confites sur la tarte à la sortie du four.

Ajouter les citrons dans le sirop bouillant. Laisser pocher.

TARTE AUX CLEMENTINES

6 à 8 personnes.

Préparation : 30 mn.
Cuisson : 30 mn.

Ingrédients :
300 g de pâte sablée (p. 15)
8 à 10 clémentines
4 cuil. à soupe d'abricotine.

Crème d'amandes :
40 g de beurre
40 g de sucre
40 g de poudre d'amande
1 œuf
20 g de farine
3 cl de Grand Marnier.

Crème pâtissière :
1/4 l de lait
70 g de sucre
1 œuf entier + 1 jaune
40 g de farine
1 gousse de vanille.

Préparer la crème pâtissière.

Faire chauffer le lait avec la gousse de vanille fendue. Battre les œufs, le sucre et la farine. Verser le lait bouillant sur cette préparation. Bien mélanger. Faire frémir 3 minutes en remuant constamment. Laisser refroidir.

Abaisser la pâte au rouleau. En foncer un moule à tarte beurré et fariné. Piquer le fond avec une fourchette.

Battre le beurre ramolli et le sucre. Ajouter l'œuf, les amandes, la farine et le Grand Marnier. Verser sur la tarte.

Faire cuire 25 minutes à four moyen, 180 °C (th. 6). Laisser refroidir.

Etaler la crème pâtissière. Disposer des quartiers de clémentine. Badigeonner d'abricotine.

TARTE AUX FRAISES

6 à 8 personnes.

Préparation : 20 mn.
Cuisson : 20 mn.

Ingrédients :
4 dl de crème pâtissière (p. 20)
1 kg de fraises
1 sachet de nappage pour tarte.

Génoise :
4 œufs
125 g de sucre
125 g de farine.

Beurrer un moule à fond de tarte.

Mélanger les œufs et le sucre jusqu'à ce que le mélange blanchisse. Ajouter la farine tamisée et l'incorporer délicatement.

Verser dans le moule et faire cuire à four doux, 140 °C (th. 4-5), pendant 15 à 20 minutes.

Démouler et laisser refroidir.

Recouvrir le fond de tarte de crème pâtissière.

Laver les fraises, les sécher et les équeuter. Les poser sur la crème. Recouvrir de nappage.

Verser la pâte dans le moule beurré.

Garnir de crème pâtissière,

puis de fraises.

TARTE AUX FRUITS ROUGES

6 à 8 personnes.

Préparation : 15 mn.
Cuisson : 40 mn.

Ingrédients :
300 g de pâte brisée (p. 14)
150 g de framboises
150 g de groseilles égrappées
80 g de sucre
1 sachet de sucre vanillé
50 g d'amandes en poudre
3 œufs
3 cl de porto.

Décor :
Quelques framboises et groseilles.

Abaisser la pâte au rouleau et en foncer un moule à tarte beurré et fariné. Piquer le fond à la fourchette. Faire cuire à blanc 10 minutes, 180 °C (th.6).

Laver les fruits. Les écraser à la fourchette et les mélanger au sucre. Arroser de porto. Ajouter le sucre vanillé, les œufs battus et les amandes.

Verser le mélange sur la tarte et faire cuire 30 minutes à four chaud, 200 °C (th.7).

Démouler et laisser refroidir sur une grille.

Décorer de fruits à volonté.

TARTE AUX GROSEILLES

6 à 8 personnes.

Préparation : 30 mn.
Cuisson : 45 mn.

Ingrédients :
300 g de pâte sablée (p.15)
500 g de groseilles égrappées
250 g de sucre fin
4 œufs
125 g d'amandes moulues.

Abaisser la pâte. En foncer un moule à tarte beurré et fariné.

Battre le sucre avec les jaunes d'œufs. Ajouter les amandes. Battre les blancs d'œufs en neige. Les incorporer aux jaunes.

Ajouter les groseilles.

Verser sur la pâte. Faire cuire à four moyen, 160 °C (th. 5) pendant 45 minutes.

VARIANTE

Les groseilles peuvent être remplacées par des fraises.

TARTE AUX NOIX

Recette n° 1

8 personnes.

Préparation : 25 mn.
Cuisson : 40 mn.
Repos : 1 h.

Ingrédients :

Pâte :
150 g de sucre
150 g de beurre
1 œuf entier + 1 jaune
300 g de farine
1 pincée de sel.

Crème :
250 g de crème fraîche
100 g de sucre
100 g de noix râpées
1 cuil. à café de cannelle.

Décor :
Quelques cerneaux de noix
Sucre glace.

Travailler quelques minutes l'œuf entier, le jaune, le sel et le sucre. Incorporer la farine. Ajouter le beurre coupé en morceaux et pétrir. Mettre en boule. Laisser reposer au frais 1 heure.

Abaisser la pâte et en foncer un moule à tarte beurré et fariné. Piquer le fond avec une fourchette. Mélanger la crème, le sucre, les noix et la cannelle. Répartir le mélange sur la tarte. Cuire à four, 180 °C (th.6).

A la sortie du four, saupoudrer de sucre glace et décorer de cerneaux de noix.

Recette n° 2

8 personnes.

Préparation : 15 mn.
Cuisson : 1 h.

Ingrédients :
250 g de pâte sablée (p. 15)
3 œufs
80 g de noix
80 g de sucre
Quelques cerneaux de noix.

Abaisser la pâte au rouleau. Foncer un moule à tarte beurré. Piquer le fond à la fourchette. Mettre au frais.

Piler les noix. Ajouter le sucre et 1 jaune d'œuf. Mélanger.

Battre les blancs en neige. Les incorporer au mélange précédent. Verser sur la pâte. Décorer de cerneaux de noix.

Faire cuire à four moyen-doux, 130 °C (th.4) pendant 50 minutes à 1 heure.

TARTE A L'ORANGE

6 à 8 personnes.

Préparation : 25 mn.
Cuisson : 30 mn.
Repos : 15 mn.

Ingrédients :

Pâte :
200 g de farine
100 g de beurre
1 pincée de sel
1/2 verre d'eau
Le zeste râpé d'1/2 orange
1 cuil. à soupe de rhum.

Garniture :
3 œufs
3 oranges bien juteuses
100 g de sucre fin
1 dl de crème fraîche.

Creuser une fontaine dans la farine tamisée. Y mettre le beurre coupé en petits morceaux. Effriter du bout des doigts.

Ajouter le sel, le zeste râpé d'orange, le rhum et de l'eau pour former une pâte souple.

Laisser reposer au frais pendant une quinzaine de minutes.

Battre à la fourchette les œufs, le sucre, la crème, le jus et le zeste râpé des oranges.

Abaisser la pâte au rouleau. En garnir un moule (ou plusieurs petits) beurré et fariné. Piquer le fond avec une fourchette. Verser le flan.

Faire cuire à four moyen, 180 °C (th.6) pendant 30 minutes.

Laisser refroidir avant de démouler.

Effriter le mélange farine-beurre du bout des doigts.

Ajouter le reste des ingrédients. On doit obtenir une pâte souple.

TARTE AU PAMPLEMOUSSE

6 à 8 personnes.

Préparation : 25 mn.
Cuisson : 30 mn.

Ingrédients :
250 g de pâte sablée (p. 15)
2 œufs
100 g de sucre
80 g de beurre
3 pamplemousses roses
80 g d'amandes en poudre.

Sirop :
10 cl d'eau
200 g de sucre
1 cuil. à soupe de liqueur d'orange.

Abaisser la pâte au rouleau. En foncer un moule à tarte beurré et fariné.

Travailler le sucre et les jaunes d'œufs pour obtenir un mélange mousseux. Ajouter le beurre ramolli, le jus d'un demi-pamplemousse, 1 cuillerée à café de zeste râpé et les amandes. Mélanger. Incorporer les blancs d'œufs en neige. Verser la crème sur le fond de tarte.

Faire cuire à four moyen, 170 °C (th. 5-6), pendant 30 minutes.

Pendant ce temps, préparer un sirop de sucre (10 cl d'eau et 200 g de sucre). Ajouter la liqueur d'orange.

Faire cuire la pulpe de 2 pamplemousses dans le sirop jusqu'à ce qu'elle caramélise. En napper la tarte.

Laisser refroidir et démouler.

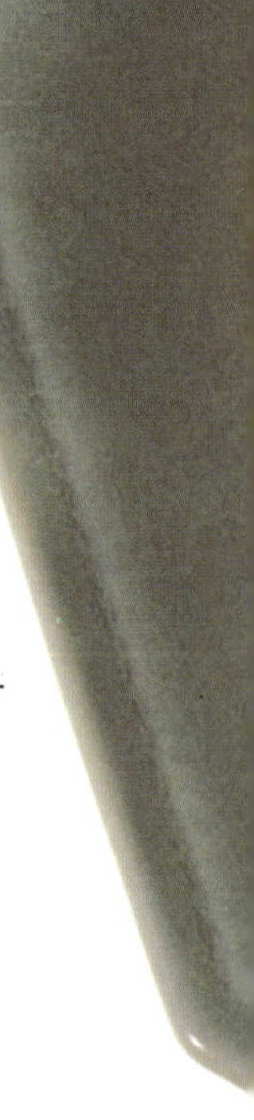

TARTE MERINGUEE AU PAMPLEMOUSSE

6 à 8 personnes.

Préparation : 40 mn.
Cuisson : 50 mn.
Repos : 1 h.

Ingrédients :

Pâte :
150 g de farine
60 g de sucre
2 jaunes d'œufs
80 g de beurre
1 pincée de sel.

Garniture :
1 pamplemousse
1 citron vert
3 œufs + 3 jaunes
200 g de sucre
100 g de beurre
30 g de sucre glace.

Creuser une fontaine dans la farine tamisée et le sel. Y mettre le sucre, le beurre coupé en morceaux et les 2 jaunes d'œufs. Travailler rapidement.

Former une boule et laisser reposer au frais pendant 1 heure.

Abaisser la pâte et en foncer un moule à tarte beurré. Piquer le fond à la fourchette. Faire cuire à blanc pendant 20 minutes, 175 °C (th.6).

Démouler et laisser refroidir.

Râper le zeste du citron. Presser son jus ainsi que celui du pamplemousse.

Mettre les 6 jaunes d'œufs dans une casserole avec 10 cl de jus de fruits et le sucre. Faire épaissir à feu très doux pendant 10 minutes sans cesser de mélanger.

Hors du feu, ajouter le beurre en morceaux et le zeste de citron. Laisser refroidir et verser sur la tarte.

Fouetter les blancs en neige. Ajouter le sucre glace. Recouvrir la crème avec le meringage et passer sous le gril pour qu'il prenne couleur.

TARTE AUX POMMES

6 à 8 personnes.

Préparation : 30 mn.
Cuisson : 40 mn.

Ingrédients :
300 g de pâte brisée (p. 14)
150 g d'amandes en poudre
100 g de sucre
2 œufs
1 citron
4-5 pommes
Quelques amandes effilées.

Abaisser la pâte au rouleau et en foncer un moule à tarte beurré et fariné. Piquer le fond à la fourchette.

Mélanger les amandes, le sucre et les jaunes d'œufs. Ajouter 2 pommes râpées et arrosées de jus de citron. Incorporer les blancs d'œufs battus en neige. Etaler cette préparation sur le fond de tarte.

Peler et émincer les pommes restantes. Les disposer sur la tarte. Saupoudrer d'une cuillerée à soupe de sucre. Faire cuire à four moyen, 180 °C (th.6) pendant 40 minutes.

TARTE A LA COMPOTE DE POMMES

6 à 8 personnes.

Préparation : 20 mn.
Cuisson : 25 mn.

Ingrédients :
350 g de pâte feuilletée (p. 15)
800 g de pommes en compote
100 g de sucre
1 jaune d'œuf
Cannelle moulue (facultatif).

Abaisser la pâte au rouleau. En foncer un moule à tarte. Répartir la compote sur le fond.

Dans le reste de pâte, découper des bandelettes et les disposer en croisillons. Dorer à l'œuf. Saupoudrer de cannelle.

Faire cuire à four moyen, 200 °C (th. 7) pendant 25 minutes.

TARTE A L'ANGLAISE

✕✕ ○

6 personnes.

Préparation : 20 mn.
Cuisson : 30 mn.

Ingrédients :
300 g de pâte feuilletée (p. 15)
1 œuf (dorure)
800 g de pommes
80 g de sucre
5 cl d'eau.

Garnir un plat à gratin avec les pommes épluchées, épépinées et coupées en petits quartiers. Ajouter l'eau et le sucre.

Recouvrir d'une fine abaisse de pâte feuilletée posée sur une bandelette de pâte fixée sur le bord du plat. Souder. Dorer la pâte et décorer avec des fleurons. Piquer avec une pointe de couteau en plusieurs endroits. Mettre à cuire au four à 200 °C, (th. 6-7). Servir tiède, accompagnée de crème fouettée, de sauce anglaise ou de coulis (p. 22).

TARTE AUX POMMES AUX PIGNONS

✕ ○

8 personnes.

Préparation : 20 mn.
Cuisson : 35 mn.

Ingrédients :
200 g de pâte brisée (p. 15)
6 pommes golden
2 cuil. à soupe de fructose
3 cl de calvados
1/2 cuil. à café de cannelle
2 œufs
2 dl de lait écrémé
2 cuil. à soupe de raisins secs
30 g de beurre
50 g de pignons.

Emincer les pommes et les faire sauter dans une poêle antiadhésive avec le beurre pendant 5 minutes. Ajouter le fructose, la cannelle, les raisins secs et la moitié des pignons. Flamber au calvados.

Etaler la pâte. Foncer un cercle à tarte. Cuire à blanc 10 minutes au four à 180 °C (th. 6).

Ajouter la préparation aux pommes puis les œufs battus en omelette mélangés avec le lait. Remettre au four.

Aux 3/4 de la cuisson, saupoudrer le dessus de la tarte avec les pignons restants. Terminer la cuisson.

TARTE AUX POMMES ET AUX BANANES

6 à 8 personnes.

Préparation : 30 mn.
Cuisson : 40 mn.

Ingrédients :
300 g de pâte sablée (p. 15)
5-6 pommes
3 bananes
80 g de sucre
1 à 2 citrons.

Abaisser la pâte au rouleau. En foncer un moule à tarte beurré. Piquer le fond à la fourchette.

Eplucher 3 pommes et les couper en petits morceaux. Les faire cuire avec 1 cuillerée d'eau et le sucre jusqu'à obtention d'une compote épaisse. Ajouter 2 bananes écrasées. Verser ce mélange sur la tarte.

Eplucher 2 pommes et 1 banane. Les émincer, les citronner et les disposer sur la compote. Saupoudrer de 2 cuillerées à soupe de sucre.

Faire cuire à four moyen, 180 °C (th.6), pendant 40 minutes.

TARTE AUX POMMES A LA NOIX DE COCO

6 à 8 personnes.

Préparation : 25 mn.
Cuisson : 40 mn.

Ingrédients :
300 g de pâte sablée (p. 15)
100 g de beurre
100 g de sucre
1 cuil. à soupe de rhum
4 œufs
5 pommes
1 citron
80 g de noix de coco râpée
50 g de raisins secs.

Abaisser la pâte au rouleau. En foncer un moule à tarte beurré. Piquer le fond à la fourchette.

Peler les pommes. Les râper grossièrement. Les arroser du jus du citron. Ajouter les raisins secs.

Travailler le sucre, le rhum et le beurre fondu. Ajouter les œufs un à un. Mélanger avec les pommes et la noix de coco. Verser sur la tarte.

Faire cuire à four moyen, 180 °C (th.6), pendant 40 minutes.

VARIANTE

La noix de coco peut être remplacée par des noix ou des noisettes.

TARTE TATIN

✕✕ ∞

6 personnes.

Préparation : 20 mn.
Cuisson : 35 mn.

Ingrédients :
250 g de pâte brisée (p. 14)
1 kg de pommes
80 g de beurre
125 g de sucre.

Abaisser la pâte au rouleau. Découper un disque de la taille du moule plus la hauteur du bord.

Beurrer largement un moule à manqué. Le saupoudrer de sucre.

Eplucher les pommes. Les émincer.

Disposer une première couche de pommes en couronne, en superposant les lamelles. Disposer le reste des pommes sur une deuxième couche.

Poser le disque de pâte sur les fruits en l'enfonçant bien tout autour jusqu'au fond du moule.

Faire cuire à four moyen pendant 35 minutes, 180 °C (th.6).

TARTE NORMANDE

✕✕ ∞

6 à 8 personnes.

Préparation : 20 mn.
Cuisson : 35 mn.

Ingrédients :
250 g de pâte brisée (p. 14)
3 - 4 pommes
50 g de beurre
60 g de poudre d'amande
60 g de sucre
1 jaune d'œuf
1 cuil. à café de cannelle en poudre
2 cl de calvados
Quelques amandes effilées.

Etaler la pâte au rouleau. En garnir un moule beurré et fariné. Piquer le fond avec une fourchette.

Mélanger le beurre ramolli et le sucre. Ajouter le jaune d'œuf, la poudre d'amande, la cannelle et le calvados.

Etaler la crème sur le fond de tarte.

Eplucher les pommes. Les couper en fines lamelles et les disposer sur la crème. Parsemer d'amandes effilées.

Faire cuire pendant 35 minutes à four moyen, 180 °C (th.6).

TARTE AUX POIRES AMANDINE

6 à 8 personnes.

Préparation : 50 mn.
Cuisson : 45 mn.
Repos : 1 h.

Ingrédients :

Pâte :
200 g de farine
60 g de sucre
1 œuf
125 g de beurre
60 g d'amandes moulues
1 pincée de sel.

Garniture :
8 poires
1/2 l d'eau
150 g de sucre
Le jus d'1/2 citron.

Crème :
2 œufs
120 g de beurre
120 g de sucre
120 g d'amandes moulues
20 g de farine
2 cuil. à soupe de rhum.

Travailler l'œuf, le sucre et le sel. Ajouter la farine et les amandes et mélanger en effritant du bout des doigts. Incorporer le beurre en morceaux et pétrir. Laisser reposer 1 heure en boule.

Travailler le beurre ramolli en pommade. Ajouter le sucre et les œufs. Incorporer les amandes, la farine et le rhum.

Préparer un sirop avec l'eau, le sucre et le jus de citron.

Peler les poires. Les couper en 2. Les évider et les faire pocher dans le sirop pendant 10 minutes. Laisser refroidir.

Abaisser la pâte. En foncer un moule à tarte beurré et fariné.

Verser la crème aux amandes dans le fond. Disposer les poires en rosace, côté bombé sur le dessus.

Faire cuire à four doux, 200 °C (th.6-7), pendant 30 à 40 minutes.

Faire réduire le sirop de moitié et en napper la tarte.

REMARQUE

Cette tarte est très fragile et difficile à démouler. Il est préférable de la servir directement dans le moule.

TARTE AUX POIRES ET AUX NOIX

XX OO

6 à 8 personnes.

Préparation : 20 mn.
Cuisson : 40 mn.

Ingrédients :
300 g de pâte sablée (p. 14)
4-5 poires
50 g de noix hachées
2 œufs
50 cl de crème
10 cl de lait
100 g de sucre
1 cuil. à soupe de farine
Quelques cerneaux de noix.

Abaisser la pâte au rouleau. En foncer un moule à tarte beurré et fariné. Piquer le fond à la fourchette.

Peler et émincer les poires. Les disposer sur la pâte.

Battre les œufs avec la crème et le lait. Ajouter le mélange sucre-farine et les noix. Verser le tout sur les poires. Décorer avec les cerneaux de noix.

Faire cuire 40 minutes à four moyen, 180 °C (th.6).

Servir tiède.

TARTE AUX POIRES AU CHOCOLAT

6 à 8 personnes.

Préparation : 50 mn.
Cuisson : 40 mn.

Ingrédients :
300 g de pâte sablée (p. 15)
1 boîte de poires au sirop
50 g d'amandes en poudre
60 g d'amandes effilées
75 g de sucre
50 g de beurre.

Sauce au chocolat :
200 g de chocolat noir
50 g de beurre
10 cl de jus de poire
1 à 2 cuil. de crème fraîche.

Abaisser la pâte. En garnir un moule à tarte (ou plusieurs petits) beurré et fariné. Faire cuire à blanc pendant 15 minutes, 180 °C (th.6). Saupoudrer de poudre d'amande.

Disposer les poires égouttées sur le fond. Remettre au four, 180 °C (th. 6), pendant 15 minutes.

A la sortie du four, démouler la tarte et laisser refroidir sur une grille.

Faire griller les amandes effilées dans le beurre et le sucre. Les parsemer sur la tarte aux poires.

Avant de servir, faire fondre le chocolat au bain-marie. Ajouter le beurre et le jus de poire. Laisser fondre doucement. Ajouter la crème.

Verser la sauce chaude sur les poires et servir.

Faire fondre le chocolat au bain-marie. Ajouter le beurre et le jus de poire.

Ajouter la crème en remuant.

VARIANTE

On peut également réaliser cette tarte avec une crème :

4 jaunes d'œufs / 100 g de sucre / 1 cuil. à soupe de farine / 1/4 l de lait / 1 petit verre de kirsch.

Travailler les jaunes d'œufs avec le sucre et la farine. Mouiller avec le lait et l'alcool. Faire épaissir sur feu doux. Retirer dès ébullition. Laisser refroidir en remuant de temps en temps.

Verser la crème sur le fond de tarte. Disposer les poires dessus et parsemer d'amandes effilées grillées.

TARTE AUX PRUNEAUX

Recette n° 1

6 à 8 personnes.

Préparation : 50 mn.
Cuisson : 30 mn.
Repos : 30 mn.

Ingrédients :
250 g de farine
1 œuf
100 g de sucre
1 pincée de sel
100 g de beurre
15 cl de lait
15 g de levure de boulanger
350 g de pruneaux.

Faire tiédir le lait. Ajouter le beurre en petits morceaux pour le ramollir.

Diluer la levure dans un peu de lait. Tamiser la farine. Incorporer 70 g de sucre, le lait, l'œuf et la levure. Pétrir la pâte et laisser lever 10 minutes dans un endroit tiède.

Pendant ce temps, préparer un thé léger. Y faire cuire les pruneaux dénoyautés pendant 1/2 heure. Les égoutter et les passer à la moulinette.

Quand la pâte a doublé de volume, en foncer un moule à tarte beurré.

Garnir de compote de pruneaux. Saupoudrer avec le reste de sucre.

Faire cuire à four moyen, 200 °C (th.6-7), pendant 30 minutes.

Recette n° 2

6 à 8 personnes.

Préparation : 20 mn.
Cuisson : 30 mn.
Trempage : 30 mn.

Ingrédients :
300 g de pâte sablée (p. 14)
300 g de pruneaux
5 cl d'armagnac
2 œufs
50 g de sucre
2 cuil. à soupe de fleur d'oranger
30 g de beurre.

Dénoyauter les pruneaux et les faire tremper 30 minutes dans l'armagnac.

Abaisser la pâte au rouleau et en foncer un moule à tarte beurré et fariné. Piquer le fond à la fourchette et faire cuire à blanc 10 minutes, 180 °C (th. 6).

Egoutter les pruneaux.

Mélanger le sucre, les œufs, la fleur d'oranger et le beurre fondu.

Disposer les pruneaux sur la tarte. Verser la crème par-dessus et faire cuire 30 minutes à four chaud, 200 °C.

TARTE AUX PRUNES

6 personnes.

Préparation : 30 mn.
Cuisson : 35 mn.

Ingrédients :
300 g de pâte brisée (p. 14)
1 kg de prunes
2 œufs
50 g de poudre d'amande
75 g de sucre en poudre
5 cl de lait
1 dl de crème fraîche
Sucre cristallisé pour saupoudrer.

Etendre la pâte et en garnir une tourtière beurrée.

Dénoyauter les prunes et les ranger sur la pâte.

Battre les œufs, ajouter la poudre d'amande, le sucre, la crème et le lait. Verser la préparation sur les prunes. Faire cuire au four à 210 °C, (th. 7), 35 minutes.

Laisser refroidir avant de démouler. Saupoudrer de sucre cristallisé.

TARTE AUX NOISETTES

8 personnes.

Préparation : 25 mn.
Cuisson : 30 mn.

Ingrédients :
350 g de pâte brisée (p. 14).

Garniture :
100 g de noisettes
3 dl de crème fraîche
120 g de sucre semoule
2 œufs entiers
1 sachet de sucre vanillé.

Glaçage et décor :
150 g de sucre glace
3 cuil. à soupe de rhum
10 noisettes.

Foncer une tourtière d'environ 25 cm de diamètre avec la pâte brisée.

Mixer les noisettes et mélanger tous les éléments de la garniture. Verser sur la pâte et cuire au four à 240 °C (th. 8) pendant 30 minutes.

Laisser refroidir 30 minutes. Délayer le sucre glace avec le rhum. Etaler sur la tarte. Répartir les noisettes.

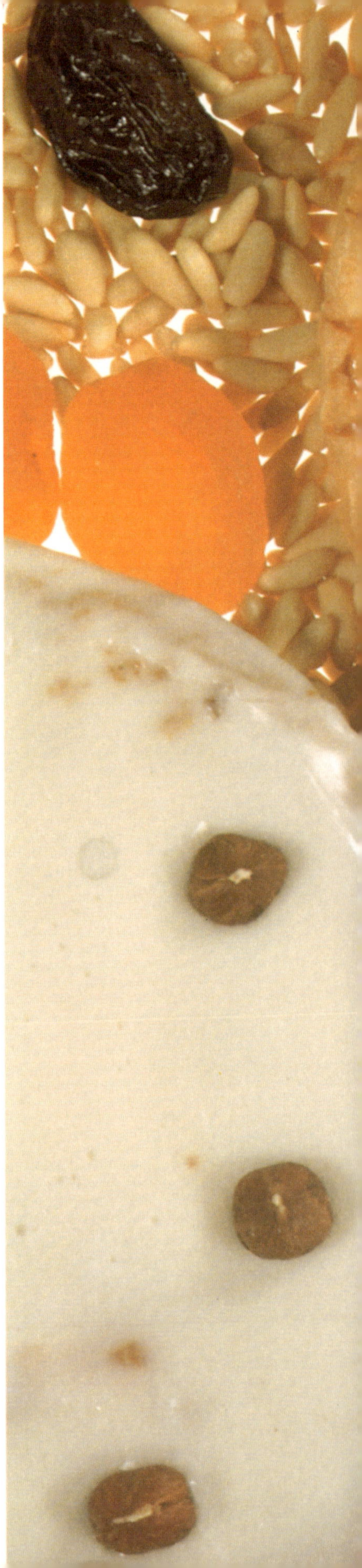

TARTE AUX PIGNONS

6 personnes.

Préparation : 25 mn.
Cuisson : 35 mn.
Repos : 1 nuit.

Ingrédients :
250 g de pâte brisée (p. 14).

Garniture :
12 pruneaux secs
24 abricots secs
50 g de beurre
3 cuil. à soupe de confiture d'abricots
2 oranges
200 g de pignons
1 jaune d'œuf pour dorer.

La veille, mettre à tremper les fruits secs. Le lendemain, dénoyauter les pruneaux, les couper en menus morceaux, ainsi que les abricots.

Garnir un moule à tarte de pâte. Réserver le reste.

Malaxer les zestes d'orange râpés avec le beurre. Mettre la confiture d'abricots sur la tarte puis les fruits secs en morceaux, le beurre à l'orange en petits dés. Recouvrir de pignons et garnir avec des croisillons découpés dans le reste de pâte. Dorer à l'œuf. Faire cuire au four à 210 °C, (th. 7), 35 minutes.

TARTE AUX RAISINS

6 personnes.

Préparation : 20 mn.
Cuisson : 25 mn.

Ingrédients :
500 g de raisins noirs
80 g de farine
1/4 l de lait
20 g de beurre
1 dl de crème fraîche
3 œufs
3 cuil. à soupe de sucre
1 pincée de sel
Sucre semoule pour saupoudrer.

Casser les œufs dans un grand bol, ajouter le sucre, battre à la fourchette. Incorporer la farine et le lait salé. Ajouter ensuite la crème fraîche délicatement.

Beurrer largement un plat à tourte.

Laver les raisins, les égrener et en remplir le fond du plat. Verser la pâte. Faire cuire au four à 170 °C (th. 5-6) pendant 25 minutes.

Servir tiède ou froid, après avoir saupoudré à volonté de sucre semoule.

TARTE VIGNERONNE

6 à 8 personnes.

Préparation : 20 mn.
Cuisson : 40 mn.

Ingrédients :
300 g de pâte sablée (p. 15)
800 g de raisins blancs et rouges égrappés
3 œufs
30 cl de crème
100 g de sucre
2 cuil. à soupe de marc de Gewurztraminer.

Abaisser la pâte au rouleau. En foncer un moule à tarte beurré et fariné. Piquer le fond à la fourchette. Faire cuire à blanc pendant 15 minutes, 180 °C (th. 6).

Tapisser la tarte d'un mélange de grains de raisins.

Mélanger la crème, le marc, le sucre et les jaunes d'œufs. Incorporer les blancs d'œufs en neige. Verser sur les raisins.

Faire cuire 25 minutes à four doux, 180 °C (th.6).

Foncer le moule à tarte beurré et fariné.

Disposer les raisins. Verser la crème.

TARTE A LA RHUBARBE

6 à 8 personnes.

Préparation : 30 mn.
Cuisson : 40 mn.

Ingrédients :
300 g de pâte brisée (p. 14)
1 kg de rhubarbe
300 g de sucre
1 cuil. à café de cannelle (facultatif)
3 blancs d'œufs
1 pincée de sel.

Abaisser la pâte au rouleau. En foncer un moule à tarte beurré et fariné.

Piquer le fond à la fourchette. Faire cuire à blanc pendant 20 minutes, à four moyen, 180° C (th.6).

Laver la rhubarbe et la couper en petits morceaux. Faire cuire à feu doux avec 200 g de sucre pendant 20 minutes. Laisser refroidir.

Verser la compote sur la pâte. Saupoudrer de cannelle.

Battre les blancs d'œufs en neige avec le sel et les 100 g de sucre restants.

Recouvrir la compote.

Remettre la tarte à four tiède, 120 °C (th. 4), pendant 10 à 15 minutes pour dorer les blancs.

TARTE FEUILLETEE AUX FRUITS

6 personnes.

Préparation : 30 mn.
Cuisson : 30 mn.
Repos : 10 mn.

Ingrédients :
350 g de pâte feuilletée (p. 15)
500 g de crème pâtissière (p. 20)
Fruits frais ou au sirop suivant la saison
50 g de nappage blond.

Découper la pâte en bande régulière de 18 x 40 cm de long. Prélever deux bandes de 1,5 cm pour faire les bordures.

Mettre la bande sur la plaque humide. S'assurer qu'il n'y a pas de farine, piquer la pâte, mouiller les bords, mettre les bandelettes légèrement en retrait, appuyer et chiqueter en même temps pour souder. Dorer seulement les bandelettes. Laisser reposer 10 minutes.

Cuire à four chaud, 220 °C (th. 7-8). Terminer la cuisson à 180 °C (th. 6) pour bien dessécher la pâte.

Après refroidissement, garnir avec la crème pâtissière. Disposer harmonieusement les fruits et les lustrer avec le nappage. Saupoudrer les bordures de sucre glace.

TARTE FEUILLETEE AUX POMMES, SAUCE ANGLAISE

Etaler la pâte feuilletée. Découper 4 cercles. Les poser sur la plaque de cuisson et les piquer. Placer les pommes épluchées et découpées en fines tranches en rosaces sur la pâte et les saupoudrer de sucre. Cuire les tartes 30 minutes à 170 °C (th. 5-6).

Les disposer sur 4 assiettes à dessert accompagnées de sauce anglaise et d'une boule de glace vanille.

Faire légèrement chauffer le calvados dans une petite casserole. Le faire flamber et le verser sur les tartes au moment de les servir.

4 personnes.

Préparation : 40 mn.
Cuisson : 30 mn.

Ingrédients :
6 pommes légèrement acides
200 g de pâte feuilletée (p. 15)
4 dl de crème anglaise (p. 20)
100 g de sucre semoule
1/4 l de glace à la vanille
5 cl de calvados.

TARTE D'AUTOMNE AUX FRUITS

6 à 8 personnes.

Préparation : 20 mn.
Cuisson : 35-40 mn.

Ingrédients :
300 g de pâte brisée (p. 14)
1 kg de fruits (mirabelles, quetsches, pommes, poires, etc.)
25 cl de crème
1 œuf
1 sachet de sucre vanillé
80 g de sucre.

Abaisser la pâte au rouleau. En foncer un moule à tarte beurré et fariné.

Disposer les fruits (épluchés et émincés ou dénoyautés) sur le fond de tarte.

Battre à la fourchette la crème, l'œuf et le sucre. Verser sur les fruits.

Faire cuire à four moyen, 180 °C (th. 6), pendant 35 à 40 minutes.

TARTE D'HIVER AUX FRUITS SECS

6 à 8 personnes.

Préparation : 40 mn.
Cuisson : 40 mn.

Ingrédients :
300 g de pâte brisée (p. 14)
2-3 pommes
150 g de figues
150 g de raisins
150 g de dattes
150 g de noix
150 g de noisettes
1 écorce d'orange confite
50 g de sucre
3 œufs
20 cl de crème
5 cl de lait.

Abaisser la pâte au rouleau. En foncer un moule à tarte beurré et fariné. Piquer le fond avec une fourchette.

Couper les figues, les dattes et l'écorce d'orange en petits dés. Ajouter les raisins, les noix et les noisettes grossièrement hachées. Mélanger le tout.

Peler, épépiner et émincer les pommes. Les disposer sur le fond de tarte. Couvrir avec le mélange de fruits secs.

Battre les œufs avec le sucre, la crème et le lait. Verser sur les fruits.

Faire cuire à four chaud, 210 °C (th.7), pendant 40 minutes.

TARTE EXPRESS AUX ABRICOTS

4 personnes.

Préparation : 45 mn.
Cuisson : 25 mn.

Ingrédients :
600 g d'abricots
150 g de pâte feuilletée (p. 15)
150 g de crème pâtissière (p. 20)
100 g de sucre semoule
3 dl de coulis de framboise (p. 22)
15 cl de crème fraîche.

Dénoyauter et couper les abricots en 4.

Etaler la pâte feuilletée et découper 4 cercles. Les placer sur la plaque de cuisson et les piquer. Recouvrir les cercles de feuilletage avec la crème pâtissière et disposer les morceaux d'abricots en rosace. Saupoudrer de sucre. Faire cuire au four à 170 °C, (th. 5-6), pendant 25 minutes environ.

Monter au fouet la crème en chantilly. Sucrer légèrement.

Disposer les tartes sur 4 assiettes. Accompagner de coulis de framboise. Servir aussitôt avec la crème Chantilly à part.

TARTE EXPRESS AUX MYRTILLES

4 personnes.

Préparation : 30 mn.
Cuisson : 25 mn.

Ingrédients :
600 g de myrtilles
200 g de pâte sablée (p. 15)
100 g de sucre semoule
3 dl de coulis de poire (p. 22)
1 jaune d'œuf
1 dl de crème fraîche
1/4 l de glace à la vanille
Feuilles de menthe.

Battre le jaune d'œuf avec 50 g de sucre et la crème fraîche.

Etaler la pâte sablée et découper 4 cercles. Foncer 4 petits cercles à tarte. Les déposer sur la plaque de cuisson.

Répartir les myrtilles sur les cercles de pâte. Napper les tartes avec l'appareil à la crème. Saupoudrer avec le reste de sucre et cuire au four à 200 °C, (th. 6-7), pendant 15 à 20 minutes.

Verser le coulis de poire sur le fond de 4 assiettes. Y déposer les tartes aux myrtilles encore chaudes. Accompagner d'une boule de glace à la vanille et décorer de feuilles de menthe. Servir aussitôt.

TARTES CHAUDES AUX BRUGNONS

4 personnes.

Préparation : 40 mn.
Cuisson : 30 mn.

Ingrédients :
8 brugnons
150 g de pâte brisée (p. 14)
150 g de crème pâtissière (p. 20)
100 g d'amandes en poudre.

Porter une casserole remplie d'eau à ébullition. Y plonger les brugnons préalablement lavés. Laisser cuire pendant 3 à 4 minutes, les retirer délicatement et les rafraîchir. Retirer la peau à l'aide d'un petit couteau, les couper en deux et retirer le noyau. Les détailler en tranches régulières.

Etaler la pâte brisée et découper 4 cercles. Les placer sur la plaque de cuisson et les piquer.

Les recouvrir de crème pâtissière mélangée avec les amandes et disposer les tranches de brugnon en rosaces. Les cuire au four à 170 °C, (th. 5-6), environ 30 minutes.

Les placer sur 4 assiettes à dessert. Servir aussitôt.

TARTES CHAUDES A LA RHUBARBE, COULIS DE FRAISE

4 personnes.

Préparation : 45 mn.
Cuisson : 30 mn.

Ingrédients :
800 g de rhubarbe
250 g de feuilletage (p. 15)
200 g de sucre semoule
4 dl de coulis de fraise (p. 22)
1/4 l de sorbet au citron
Feuilles de menthe.

Eplucher la rhubarbe et la couper en bâtonnets de 2 cm. Les faire cuire dans une casserole avec 100 g de sucre et un verre d'eau. Dès que l'eau commence à bouillir, couvrir et terminer la cuisson à feu doux une dizaine de minutes. Egoutter.

Etaler le feuilletage et détailler 4 cercles. Les placer sur une plaque de cuisson. Les piquer et déposer la rhubarbe. Les cuire au four à 200 °C, (th. 6-7), pendant 20 minutes.

Répartir le coulis de fraise sur 4 assiettes. Y déposer les tartes et saupoudrer avec le restant de sucre.

Accompagner d'une boule de sorbet au citron et décorer de feuilles de menthe. Servir aussitôt.

TARTE AUX AMANDES

✕✕ ∞

6 à 8 personnes.

Préparation : 30 mn.
Cuisson : 50 mn.

Ingrédients :
350 g de pâte brisée (p. 14)
3 cuil. à soupe de confiture de framboises
100 g de beurre
90 g de sucre
2 œufs
100 g d'amandes mondées en poudre
60 g de sucre glace.

Abaisser finement la pâte au rouleau. En foncer un moule à tarte beurré. Piquer le fond avec une fourchette et le badigeonner avec la confiture.

Battre le beurre et le sucre en mousse. Incorporer les œufs battus puis les amandes. Verser sur la tarte.

Abaisser le reste de pâte et le découper en bandelettes de 1 cm de large. Les disposer en croisillons sur la tarte.

Faire cuire 45 minutes à four moyen, 180 °C (th. 6).

Préparer un glaçage en mélangeant le sucre glace avec 2 cuillerées à soupe d'eau chaude pour obtenir un mélange épais. En badigeonner la tarte chaude et remettre au four pendant 5 minutes.

Laisser refroidir.

Mélanger le sucre glace et l'eau.

Glacer la tarte encore chaude.

TARTE AUX AMANDES ET AU MIEL

6 à 8 personnes.

Préparation : 15 mn.
Cuisson : 35 mn.

Ingrédients :
250 g de pâte brisée (p. 14)
ou sablée (p. 15)
30 g de miel de fleurs
30 g de sucre
75 g de crème
220 g d'amandes effilées.

Abaisser la pâte au rouleau. En foncer un moule à tarte beurré et fariné.

Travailler le miel et le sucre sur feu doux. Retirer du feu lorsque le sucre est fondu. Ajouter la crème. Incorporer les amandes.

Verser cette préparation sur la pâte et faire cuire 35 minutes à four moyen, 170 °C (th.6).

Servir tiède.

TARTE AUX AMANDES ET AU SUCRE

6 à 8 personnes.

Préparation : 10 mn.
Cuisson : 45 mn.

Ingrédients :
300 g de pâte sablée (p. 15).

Garniture :
200 g de sucre roux
120 g d'amandes en poudre
1/2 cuil. à café de cannelle
30 cl de crème fraîche
2 jaunes d'œufs.

Etaler la pâte au rouleau et en foncer un moule à tarte beurré.

Mélanger le sucre, les amandes et la cannelle. Ajouter la crème et les jaunes d'œufs. Verser cette préparation sur le fond de tarte.

Faire cuire à four moyen, 200 °C (th.7), pendant 45 minutes.

TARTE AU CHOCOLAT

6 à 8 personnes.

Préparation : 20 mn.
Cuisson : 40 mn.

Ingrédients :
300 g de pâte brisée (p. 14)
3 œufs
120 g de sucre
1 pincée de sel
100 g de cacao
160 g d'amandes en poudre
60 g de beurre
1 petit verre de rhum.

Abaisser la pâte au rouleau. En foncer un moule à tarte beurré et fariné. Piquer le fond avec une fourchette. Faire cuire à blanc pendant 10 minutes, 180 °C (th. 6).

Battre les œufs avec le sel et le sucre. Ajouter le cacao, le beurre fondu, les amandes et le rhum.

Verser sur la tarte précuite et remettre à four moyen, 200 °C (th. 7), pendant 30 minutes.

Décorer avec du sucre glace et des copeaux de chocolat.

TARTE COCO

6 à 8 personnes.

Préparation : 20 mn.
Cuisson : 40 mn.

Ingrédients :
300 g de pâte brisée (p. 14)
100 g de beurre
2 cuil. à soupe de rhum
2 cuil. à soupe d'eau
80 g de sucre
100 g de noix de coco râpée
1 œuf.

Abaisser la pâte au rouleau. Foncer un moule à tarte beurré et fariné. Faire cuire à blanc pendant 20 minutes, 180 °C (th. 6).

Faire fondre sur feu doux 80 g de beurre, avec le rhum, l'eau et le sucre. Ajouter la noix de coco. Laisser cuire 10 minutes.

Retirer du feu et ajouter l'œuf battu. Verser la préparation sur le fond de tarte. Parsemer de noisettes de beurre.

Faire gratiner au four pendant 10 à 15 minutes.

TARTE DANOISE

✗✗ ∞

6 à 8 personnes.

Préparation : 30 mn.
Cuisson : 30 mn.
Repos : 1 h.

Ingrédients :

Pâte :
3 jaunes d'œufs
300 g de farine
150 g de sucre
150 g de beurre
1/2 sachet de levure chimique.

Garniture :
3 blancs d'œufs
150 g de sucre
150 g d'amandes en poudre
1 pincée de cannelle
3 cuil. à soupe de confiture de framboises.

Travailler les jaunes d'œufs et le sucre. Ajouter la farine tamisée avec la levure. Sabler du bout des doigts.

Ajouter le beurre en petits morceaux. Pétrir rapidement. Laisser reposer au frais pendant 1 heure.

Abaisser la pâte au rouleau. En foncer un moule à tarte beurré. Badigeonner le fond avec la confiture.

Battre les blancs en neige. Ajouter le sucre. Incorporer les amandes et la cannelle. Verser sur le fond de tarte.

Découper des bandelettes dans le reste de pâte et les disposer en croisillons sur le dessus. Les dorer à l'œuf.

Faire cuire à four moyen, 170 °C (th.5), pendant 25 à 30 minutes.

TARTE DE LINZ

8 personnes.

Préparation : 40 mn.
Cuisson : 30 mn.
Repos : 2 h.

Ingrédients :
300 g de farine
150 g de beurre
150 g de sucre
1 cuil. à café de cannelle
1 pincée de clou de girofle
1 pincée de sel
1 cuil. à café de levure chimique
1 à 2 œufs + 1 jaune pour dorer
150 g d'amandes moulues
1 cuil. à soupe de chocolat en poudre
Le zeste râpé d'1 citron
Confiture de framboises.

Tamiser la farine et la levure. Creuser une fontaine. Y verser le sucre, le sel, les épices, le zeste de citron, le chocolat en poudre, les amandes et l'œuf. Travailler avec un peu de farine.

Ajouter le beurre en petits morceaux. Pétrir comme pour une pâte brisée.

Si la pâte est trop sèche, ajouter 1 à 2 cuillerées de lait. Laisser reposer au minimum 2 heures.

Abaisser la pâte sur 1/2 cm d'épaisseur. Découper un disque et poser sur une tôle beurrée. Garnir de confiture.

Dans le reste de pâte, découper une lanière de 1,5 cm et la poser sur le pourtour.

Découper des bandelettes et les disposer en croisillons sur le dessus. Dorer au jaune d'œuf.

Cuire à four moyen, 160 °C (th.5), pendant 30 minutes.

TARTELETTES AUX MARRONS

6 personnes.

Préparation : 1 h.
Cuisson : 30 mn.

Ingrédients :
Crème de marrons :
500 g de marrons
1/2 l de lait
1 sachet de sucre vanillé
10 cl de crème.

250 g de pâte sablée (p. 15)
1 l de crème pâtissière (p. 20)
20 cl de crème pour chantilly
Kirsch

Faire cuire les marrons épluchés dans le lait et 1 sachet de sucre vanillé, jusqu'à absorption du liquide. Les passer au moulin à légumes. Ajouter la crème et les passer encore une fois au moulin à légumes.

Préparer la crème pâtissière.

Fouetter la crème, ajouter le sucre vanillé et le kirsch.

Mélanger en quantité égale la crème de marrons et la crème pâtissière. Incorporer la moitié de la crème Chantilly.

Faire cuire les tartelettes à blanc. Les laisser refroidir.

Les remplir de la préparation précédente. Décorer de crème Chantilly. Servir frais.

TARTE A LA CREME

6 à 8 personnes.

Préparation : 30 mn.
Cuisson : 30 mn.
Repos : 2 h.

Ingrédients :
250 g de farine
65 g de sucre
35 g de beurre
1 cuil. d'huile
3,5 dl de lait
10 g de levure de bière
5 g de sel
Eau de fleur d'oranger
2 œufs
25 g de sucre
1 paquet de sucre vanillé.

Mettre la farine dans une terrine. Faire une fontaine et y casser 1 œuf. Ajouter le sel, 40 g de sucre, 1 dl de lait tiédi, le beurre ramolli, l'huile, l'eau de fleur d'oranger et la levure délayée dans un peu de lait tiède.

Travailler la pâte jusqu'à ce qu'elle se détache de la terrine ; la saupoudrer de farine et la mettre en boule. Couvrir et laisser lever dans un endroit tiède.

Quand elle a doublé de volume, la pétrir à nouveau et l'étendre à 1 cm d'épaisseur. En garnir un moule à tarte et la laisser lever.

Battre l'œuf avec le reste du lait, 25 g de sucre et le sucre vanillé. Verser cette préparation sur la pâte.

Faire cuire à four chaud 30 minutes.

TARTE AU FROMAGE ET A LA MENTHE

6 à 8 personnes.

Préparation : 30 mn.
Cuisson : 40 mn.

Ingrédients :
250 g de pâte brisée (p. 14)
300 g de fromage blanc
2 œufs
50 g de crème fraîche
100 g de sucre
1 cuil. à soupe de farine
1 poignée de feuilles de menthe
1 cuil. à café de sirop de menthe (facultatif).

Abaisser la pâte au rouleau. En foncer un moule à tarte beurré et fariné. Piquer le fond avec la fourchette.

Mélanger le fromage blanc, le sucre, la farine, la crème, les jaunes d'œufs, le sirop et les feuilles de menthe hachées.

Battre les blancs d'œufs en neige et les incorporer à la préparation précédente. Verser le tout sur le fond de tarte.

Faire cuire pendant 35 à 40 minutes à four moyen, 180 °C (th. 6).

Servir tiède ou froide.

TARTE AU FROMAGE BLANC

6 à 8 personnes

Préparation : 20 mn.
Cuisson : 40-45 mn.

Ingrédients :
300 g de pâte brisée (p. 14)
100 g de crème
500 g de fromage blanc
3 œufs entiers
1 jaune d'œuf
125 g de sucre
1 cuil. à soupe de farine.

Abaisser la pâte au rouleau. En foncer un moule à tarte beurré et fariné. Piquer le fond.

Mélanger tous les ingrédients au fouet. Verser sur le fond de tarte. Faire cuire à four moyen, 180 °C (th. 6), pendant 40 à 45 minutes.

VARIANTE

Séparer les jaunes d'œufs des blancs. Battre ces derniers en neige très ferme et les incorporer au fromage blanc.

GATEAUX

CHEESE-CAKE AUX FRAISES

4 à 6 personnes.

Préparation : 40 mn.
Repos : 2 h.

Ingrédients :
2/3 de biscuit aux amandes (p. 10)
500 g de fromage blanc à 0 % de matières grasses
4 feuilles de gélatine
80 g de fructose
250 g de fraises
Quelques feuilles de menthe.

Mettre les feuilles de gélatine à tremper dans de l'eau froide.

Découper le biscuit en 3 disques. Disposer le premier au fond d'un cercle à gâteau de 20 cm de diamètre posé sur un plat. Répartir la moitié des fraises nettoyées.

Mélanger le fromage blanc, le fructose, la gélatine égouttée et fondue au bain-marie. Verser la moitié de la préparation dans le cercle. Poser un deuxième disque de biscuit. Ajouter le reste de fraises (en réserver quelques-unes pour le décor) et le reste de fromage blanc. Lisser la surface. Mettre 2 heures au frais.

Décercler le gâteau, décorer de fraises et de feuilles de menthe. Servir bien frais.

RIZ A L'IMPERATRICE

6 personnes.

Préparation : 40 mn.
Cuisson : 20 mn.
Repos : 3 h au frais.

Ingrédients :
Base :
100 g de riz rond
25 cl de lait
1 pincée de sel.

Gelée de fruits :
50 g de gelée de groseille
50 g d'eau
1 feuille de gélatine (2 g).

Bavarois :
2 dl de lait
2 jaunes d'œufs
50 g de sucre
4 g de gélatine
10 cl de crème.

Garniture :
30 g de fruits confits hachés fin
2 cl de kirsch.

Blanchir le riz 2 ou 3 minutes à l'eau. Le rincer, le mettre dans un plat allant au four avec le lait et le sel. Porter à ébullition et cuire 15 à 20 minutes, à couvert. Laisser refroidir.

Faire une gelée de fruit en mélangeant les ingrédients. En garnir le moule et réserver au froid.

Arroser les fruits confits avec le kirsch.

Verser le lait bouillant sur les jaunes travaillés avec le sucre. Cuire comme une crème anglaise. Ajouter les feuilles de gélatine ramollies. Incorporer la crème fouettée dès que le mélange commence à prendre puis le riz froid et les fruits confits.

Verser dans le moule. Réserver au réfrigérateur pendant au moins 3 heures.

Pour démouler, tremper quelques secondes le moule dans l'eau à 50°. Passer une lame de couteau en suivant la paroi du moule. Poser un plat renversé sur le moule et retourner l'ensemble. En secouant, le gâteau doit se détacher.

On peut entourer la base de crème anglaise (p. 20) ou d'un coulis de fruit (p. 22).

GATEAU DE SEMOULE

6 personnes.

Trempage : 1 nuit
Préparation : 15 mn.
Cuisson : 15 à 25 mn.
Repos : 2 h.

Ingrédients :
1 l de lait écrémé
200 g de semoule
100 g de fructose
5 cl de rhum
100 g de raisins secs
500 g d'ananas au sirop
1 gousse de vanille fendue en 2
Quelques tranches d'ananas pour le décor.

La veille, mettre les raisins à tremper dans le rhum.

Porter le lait à ébullition avec le fructose et la vanille. Retirer du feu et laisser infuser 15 minutes. Retirer la vanille. Remettre sur le feu, verser la semoule en pluie. Travailler sans arrêt, sur feu modéré, pour faire épaissir.

Ajouter les raisins, le rhum et 200 g d'ananas en dés. Mélanger. Verser dans un moule. Mettre au frais.

Servir démoulé, décoré de tranches d'ananas, avec le reste d'ananas mixé.

CHARLOTTE ABRICOT

✕ O

8 à 10 personnes.

Préparation : 1 h.
Repos : 2 h.

Ingrédients :
30 biscuits cuiller
1/2 l de lait
4 jaunes d'œufs
100 g de sucre
1/2 l de crème fouettée
1 boîte 4/4 d'abricots au sirop
5 cl de liqueur d'abricot
5 feuilles de gélatine.

Décor :
Amandes effilées grillées
Chantilly.

Mettre le lait à bouillir avec le sucre. Ajouter les jaunes délayés avec un peu de lait. Cuire la crème jusqu'à la nappe puis retirer du feu.

Ajouter les feuilles de gélatine trempées à l'eau froide puis égouttées et la liqueur d'abricot. Ajouter la crème fouettée dès que le mélange commence à prendre.

Poser un cercle à gâteau sur un plat de service. Garnir le fond et les bords de biscuits à la cuiller.

Verser la moitié de la précédente préparation puis répartir dessus la moitié des abricots.

Ajouter le restant de crème et mettre au frais. Laisser prendre et refroidir 2 heures.

Pour servir, retirer le cercle, garnir avec les abricots restants, de rosettes de chantilly et d'amandes effilées et grillées.

CHARLOTTE A LA MANGUE

XX O

8 à 10 personnes.

Préparation : 20 mn.
Cuisson : 10 mn.
Repos : 2 h.

Ingrédients :
2 mangues (500 g de pulpe)
1/4 l de crème fouettée
8 jaunes d'œufs
100 g de sucre
7 feuilles de gélatine
1,5 dl de lait
30 biscuits à la cuiller.

Décor :
1/4 l de chantilly
1 mangue.

Eplucher les mangues. On doit obtenir 500 g de chair. Mixer avec le sucre, ajouter 1 dl de lait et mettre à chauffer. Délayer les jaunes avec le lait restant et les verser dans le mélange à ébullition. Cuire jusqu'à la nappe (comme une crème anglaise), retirer du feu et ajouter les feuilles de gélatine trempées à l'eau froide pendant quelques minutes et égouttées. Réserver cette crème au frais jusqu'au moment où la masse commence à prendre. Incorporer alors 1/4 l de chantilly.

Disposer un cercle à gâteau sur un plat de service. Tailler les biscuits à la cuiller à la hauteur voulue et chemiser le cercle, la partie tranchée vers le bas. Disposer des biscuits dans le fond. Verser la préparation. Mettre 2 heures au frais. Retirer le cercle. Décorer le centre de chantilly et de tranches de mangue.

REMARQUE

On peut prévoir une mangue supplémentaire que l'on taille en petits cubes et que l'on mélange à la crème.

CHARLOTTE AU CHOCOLAT BLANC

XX O

8 à 10 personnes.

Préparation : 30 mn.
Cuisson : 10 mn.
Repos : 2 h.

Ingrédients :
30 biscuits à la cuiller
300 g de chocolat blanc
100 g de sucre semoule
4 œufs
3 cl de crème de cacao
4 dl.de crème fouettée
5 feuilles de gélatine.

Décor :
100 g de copeaux de chocolat blanc
10 bigarreaux rouges confits.

Poser un cercle à gâteau sur un plat de service, chemiser le fond et les bords de biscuits à la cuiller.

Mettre le chocolat à fondre au bain-marie. Ajouter les jaunes d'œufs et la crème de cacao. Monter les blancs en neige, y ajouter le sucre, fouetter à nouveau. Mélanger le chocolat, les blancs et la crème fouettée.

Mettre les feuilles de gélatine à tremper dans de l'eau froide, les égoutter puis les faire fondre au bain-marie ou quelques secondes dans un four à micro-ondes. Les ajouter à la précédente préparation. Verser le tout dans le cercle à gâteau.

Mettre au frais pendant 2 heures. Retirer le cercle. Décorer le dessus du gâteau de copeaux de chocolat blanc et de bigarreaux confits.

Chemiser les bords et le fond de biscuits à la cuiller.

Verser la préparation dans le cercle à gâteau.

REMARQUES

On peut servir ce gâteau avec une crème anglaise (p. 20) parfumée au whisky.

Pour faire des copeaux de chocolat, on peut râper un morceau de chocolat sur une râpe à fromage.

Si on ne dispose pas de cercle à gâteau, on pourra aussi bien utiliser un saladier ou un moule à charlotte. Dans ce cas il faudra prévoir 15 biscuits à la cuiller supplémentaires.

CHARLOTTE CHOCOLAT-CAFE

8 à 10 personnes.

Préparation : 1 h.
Cuisson : 10 mn.
Repos : 2 h.

Ingrédients :
1/2 l de lait
1 gousse de vanille
4 jaunes d'œufs
100 g de sucre
200 g de chocolat
1 cuil. à soupe de café soluble
5 feuilles de gélatine
1/2 l de crème fouettée
20 langues de chat.

Décor :
Grains de café en chocolat
Copeaux de chocolat
Chantilly.

Mettre le lait à bouillir avec le sucre et la vanille fendue en deux dans la longueur.

Délayer les jaunes avec un peu de lait. Les verser dans le lait en ébullition et cuire la crème anglaise jusqu'à la nappe. Retirer du feu.

Ajouter les feuilles de gélatine trempées à l'eau froide et égouttées. Mélanger. Diviser la crème en deux. Incorporer à une partie le café dissous dans un peu d'eau chaude et à l'autre partie le chocolat cassé en petits morceaux.

Lorsque les deux crèmes commencent à prendre, incorporer 1/4 l de crème fouettée à chaque partie. Mélanger délicatement.

Verser la crème au chocolat dans un moule à cake. Lisser la surface puis ajouter la crème au café. Lisser la surface.

Mettre au frais et laisser prendre et refroidir 2 heures.

Pour servir, démouler en le trempant dans de l'eau chaude. Retourner aussitôt sur un plat de service. Appliquer autour du gâteau des langues de chat. Décorer le dessus de quelques rosettes de chantilly, de grains de café en chocolat et de copeaux de chocolat.

REMARQUE

On peut réaliser le même dessert en remplaçant les langues de chat par des biscuits à la cuiller et en le réalisant dans un cercle à gâteau.

CHARLOTTE A LA CANNELLE

8 à 10 personnes.

Préparation : 50 mn.
Cuisson : 10 mn.
Repos : 2 h.

Ingrédients :
1/2 l de lait
4 jaunes d'œufs
100 g de sucre
5 feuilles de gélatine
1/2 l de crème fouettée
1 cuil. à soupe rase de cannelle
25 biscuits à la cuiller.

Décor :
Chantilly.

Mettre le lait à bouillir avec le sucre. Ajouter les jaunes d'œufs délayé avec un peu de lait. Cuire la crème anglaise jusqu'à la nappe puis la retirer du feu.

Ajouter la cannelle et les feuilles de gélatine trempées à l'eau froide et égouttées. Mélanger la crème avec un fouet.

Laisser refroidir. Incorporer la crème fouettée lorsque la crème commence à prendre.

Verser dans un moule à cake et mettre 2 heures au frais.

Pour servir, démouler sur un plat de service. Appliquer autour des biscuits à la cuiller. Décorer le dessus de chantilly.

MARQUISE AUX NOISETTES

8 à 10 personnes.

Préparation : 25 mn.
Cuisson : 5 mn.
Repos : 2 h.

Ingrédients :
40 biscuits à la cuiller
2 dl de crème
150 g de chocolat de ménage
1/4 l de crème fouettée
150 g de noisettes grillées et moulues
Sirop au rhum (p. 20)
1/4 l de crème pâtissière (p. 20).

Décor :
10 bigarreaux confits
1 tige d'angélique confite
Chantilly.

Faire chauffer la crème. A ébullition, retirer du feu, ajouter le chocolat concassé et mélanger. Mettre au frais.

Lorsque la crème au chocolat est froide, ajouter 75 g de noisettes grillées et moulues puis la crème fouettée.

Tremper les biscuits à la cuiller dans le sirop chaud. Tapisser le fond et les parois d'un saladier. Verser une partie de la crème au chocolat, poser une rangée de biscuits trempés au sirop. Ajouter le reste de la crème et terminer par une rangée de biscuits. Mettre 2 heures au frais puis démouler.

Ajouter le reste des noisettes à la crème pâtissière, mélanger et en napper la marquise. Lisser à l'aide d'une spatule. Réserver au frais.

Décorer au moment de servir de bigarreaux, d'angélique et de quelques rosettes de chantilly.

MOUSSE YPOMONI

8 à 10 personnes.

Préparation : 1 h.
Cuisson : 15 mn.
Repos : 2 h.

Ingrédients :
1 biscuit aux amandes (p. 10)
2 oranges
2 citrons
1 dl d'eau
120 g de sucre
1 orange
1 citron
30 g de beurre.

Mousse orange :
2 oranges soit 2 dl de jus
5 œufs
250 g de sucre
30 g de beurre.

Mousse citron :
5 citrons soit 2 dl de jus
5 œufs
250 g de sucre
6 feuilles de gélatine
4 dl de chantilly.

Passer une lame le long de la paroi. Retirer le cercle.

Râper les zestes de 3 citrons. Les mettre dans une casserole avec le sucre et le jus des citrons, les œufs et porter l'ensemble à ébullition. Laisser cuire 1 minute. Retirer du feu et ajouter 30 g de beurre.

Faire la même préparation avec les oranges (prélever les zestes des 2 oranges).

Dans chacune des 2 préparations chaudes, ajouter 3 feuilles de gélatine trempées à l'eau froide puis égouttées. Mettre au frais jusqu'au moment de la prise puis ajouter à chaque mousse 2 dl de chantilly. Mélanger délicatement.

Tailler 2 disques dans le biscuit de 1 cm d'épaisseur. En poser un dans le fond d'un cercle à gâteau disposé sur un plat de service. Ajouter la préparation à l'orange, poser dessus un disque de biscuit et ajouter la mousse au citron. Lisser la surface. Mettre au frais. Laisser prendre 2 heures.

Canneler une orange et un citron. Tailler en tranches fines. Les mettre dans une casserole avec le sucre et l'eau. Laisser cuire doucement 10 minutes. Laisser refroidir dans le sirop de cuisson.

Pour servir, retirer le cercle du gâteau en passant une lame le long de la paroi. Décorer le dessus de citron et d'orange confits.

FAR

6 personnes.

Préparation : 15 mn.
Cuisson : 20 mn.

Ingrédients :
70 g de farine
70 g de sucre
2 œufs
3 dl de lait
250 g de pruneaux
1/4 de paquet de levure chimique.

Travailler la farine, le sucre, les œufs et la levure pendant 10 minutes au fouet. Ajouter peu à peu le lait bouillant. Verser dans un moule beurré et fariné. Répartir les pruneaux dénoyautés et mettre à cuire à 180 °C (th. 6).

La hauteur de la pâte ne doit pas dépasser celle de la rangée de pruneaux. Laisser refroidir dans le moule. Glisser une spatule pour démouler.

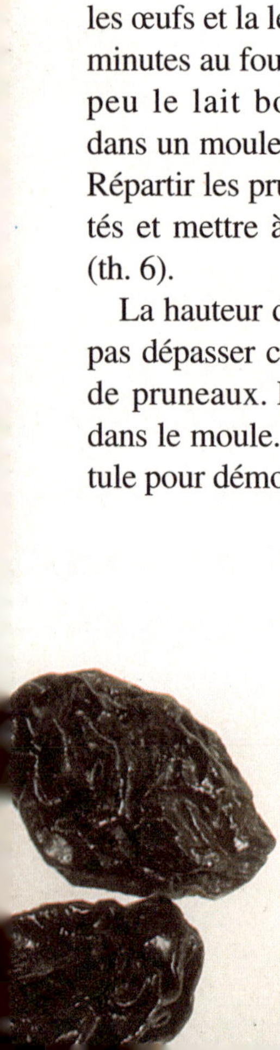

GALETTE DES ROIS

6 personnes.

Préparation : 20 mn.
Cuisson : 45 mn.

Ingrédients :
400 g de pâte feuilletée (p. 15).

Crème d'amandes :
50 g de beurre
60 g de sucre
65 g de poudre d'amande
1 petit œuf
1 cl de rhum.

Préparer la crème d'amandes : ramollir le beurre, le travailler avec le sucre, la poudre d'amande et l'œuf tempéré. Ajouter le rhum.

Etaler la pâte feuilletée (4 mm d'épaisseur). Découper deux disques de 24 cm de diamètre environ.

Etaler la crème d'amandes sur l'un des disques jusqu'à 3 cm du bord. Passer un peu d'eau sur le tour. Poser l'autre disque. Souder les bords.

Couper en feston avec un couteau d'office. Dorer à l'œuf. Rayer au couteau ou à la fourchette. Piquer. Mettre à cuire 20 minutes à 220 °C, (th. 7-8), puis terminer à 190 °C, (th. 6-7), pendant 25 minutes.

Saupoudrer de sucre glace et passer sous le gril.

BRIOCHE AUX FRUITS

8 personnes.

Préparation : 30 mn.
Cuisson : 50 mn.

Ingrédients :
500 g de pâte à brioche (p. 17)
300 g de crème pâtissière (p. 20)
2 cl de rhum
50 g de fruits confits
50 g de raisins secs
20 g de sucre glace.

Etaler finement 150 g de pâte à brioche. En garnir un moule à génoise de 22 cm de diamètre. Etaler le restant de la pâte en carré (25 x 25 cm).

Répartir les 5/6e de la crème pâtissière sur la pâte et le restant dans le fond du moule. Répartir les raisins et les fruits confits. Rouler en boudin, détailler en tranches de 2,5 cm et les poser dans le moule.

Laisser lever jusqu'au bord du moule. Dorer. Cuire au four à 180 °C (th. 6), 50 minutes.

A la sortie du four, arroser d'un peu de rhum et glacer (eau + sucre glace).

BRIOCHE MOUSSELINE

6 personnes.

Préparation : 30 mn.
Cuisson : 40 mn.

Ingrédients :
500 g de pâte à brioche (p. 17).

Mouler dans un moule à cake beurré de 20 x 8 cm. Laisser lever jusqu'en haut du moule.

Dorer, couper dans le sens de la longueur avec des ciseaux en maintenant la pointe enfoncée de 2 cm.

Cuire au four à 180 °C (th. 6), pendant 40 minutes.

Servir après refroidissement avec une sauce anglaise (p. 20) ou un coulis de fruit (p. 22).

AMANDINE

8 à 10 personnes.

Préparation : 20 mn.
Cuisson : 1 h.

Ingrédients :
200 g de pâte feuilletée (p.15)
150 g de noisettes
150 g de poudre d'amande
2 œufs + 3 jaunes
200 g de sucre
100 g de beurre fondu tiède
3 cl de rhum
1 boîte 4/4 d'abricots au sirop
60 g d'amandes effilées
Sucre glace.

Mixer les noisettes entières et grillées, la poudre d'amande, le sucre, le beurre, le rhum, les œufs et les jaunes. Réserver.

Etaler la pâte dans un moule à gâteau haut, répartir la moitié de la préparation, les abricots, et compléter par le reste de préparation. Mettre au four, 210 °C (th.7), puis 180 °C (th.6) après 15 minutes.

15 minutes avant la fin, répartir les amandes sur le gâteau et terminer la cuisson jusqu'à ce que les amandes soient dorées. Laisser refroidir. Saupoudrer de sucre glace.

BISCUIT AU CHAMPAGNE

8 à 10 personnes.

Préparation : 15 mn.
Cuisson : 1 h.

Ingrédients :
2 œufs
180 g de sucre
1 dl de champagne
5 cuil. à soupe d'huile
250 g de farine
1 pincée de levure en poudre
Beurre et farine pour le moule
Sucre glace.

Battre les œufs et le sucre au fouet électrique jusqu'à ce que le mélange blanchisse.

Ajouter le champagne et l'huile, puis la farine avec la levure.

Verser la préparation dans un moule beurré et fariné. Mettre à cuire au four à 180 °C (th. 6).

Démouler sur une grille et laisser refroidir entièrement.

Saupoudrer de sucre glace.

Accompagner de crème anglaise.

REMARQUE

On peut remplacer le champagne par du Riesling.

BISCUIT AUX NOISETTES

XX OO

8 à 10 personnes.

Préparation : 55 mn.
Cuisson : 50 mn.
Repos : 2 h.

Ingrédients :
4 jaunes d'œufs
150 g de sucre
2 cl de café très fort
100 g de chocolat
50 g de fécule
1 pincée de levure en poudre
50 g d'amandes en poudre
1 cl de cognac
4 blancs en neige
Beurre et farine pour le moule.

Garniture :
150 g de sucre glace
100 g de beurre
50 g de cacao en poudre
125 g de noisettes grillées et hachées
2 cl de cognac.

Décor :
6 dl de chantilly
Copeaux de chocolat décor
80 g de noisettes grillées et hachées.

Travailler les jaunes d'œufs et le sucre avec un fouet électrique jusqu'à ce que le mélange blanchisse.

Verser le chocolat fondu avec le café.

Mélanger la fécule, la poudre d'amande et la levure. Ajouter à la précédente préparation. Ajouter le cognac puis les blancs en neige.

Verser dans un moule beurré et fariné et mettre à cuire à 210 °C (th. 7). Démouler sur une grille et laisser refroidir.

Préparer la crème en mixant tous les ingrédients.

Couper le biscuit en trois dans l'épaisseur. Le garnir avec la crème. Le reconstituer, chemiser le tour et le dessus de chantilly, appliquer des noisettes grillées et hachées sur le pourtour du gâteau.

Décorer de rosettes de chantilly et de copeaux de chocolat. Mettre 2 heures au frais avant de servir.

BISCUIT AUX NOIX

XX O

8 à 10 personnes.

Préparation : 35 mn.
Cuisson : 50 mn.
Repos : 2 h.

Ingrédients :

Biscuit :
4 œufs
150 g de farine
50 g de noix hachées
1 pincée de levure en poudre
1 cuil. à soupe de cacao en poudre
200 g de sucre
200 g de beurre fondu tiède
Beurre et farine pour le moule.

Garniture :
2,5 dl de crème
200 g de chocolat de ménage
2 cl de rhum
100 g de noix hachées
Sirop au rhum (p. 20) pour imbiber le biscuit.

Décor :
200 g de chocolat
5 cl de lait
Quelques cerneaux de noix.

La veille de la préparation (ou le matin pour le soir), préparer la crème pour fourrer le biscuit : mettre la crème à bouillir, ajouter le chocolat cassé en morceaux. Retirer du feu à ébullition. Ajouter le rhum, mélanger à l'aide d'un petit fouet, débarrasser dans un saladier. A refroidissement complet, monter cette crème en chantilly au fouet électrique puis ajouter les noix hachées.

Tamiser la farine, le cacao et la levure.

Travailler au fouet électrique les jaunes et la moitié du sucre. Monter les blancs en neige. Leur ajouter le sucre restant, monter en neige ferme.

Mélanger délicatement tous les ingrédients. Verser dans un moule beurré et fariné et mettre à cuire au four à 210 °C (th. 7). Réserver sur une grille.

Couper le biscuit refroidi en trois, poser un disque sur le plat de service. Imbiber de sirop et chemiser de crème. Continuer en alternant et terminer par le biscuit.

Mettre le chocolat et le lait à fondre au bain-marie. Répartir l'ensemble sur le dessus et les bords du gâteau à l'aide d'une spatule. Mettre au frais 2 heures. Décorer de cerneaux de noix et servir.

BISCUIT FLAMAND

6 personnes.

Préparation : 20 mn.
Cuisson : 45 mn.

Ingrédients :
4 œufs
250 g de sucre
250 g de farine
125 g de beurre
1 dl de lait
1/2 paquet de levure chimique
80 g de sucre glace
2 cuil. à soupe de rhum
Coulis de fruits rouges (p. 22).

Blanchir les œufs et le sucre. Ajouter le beurre en pommade, le lait, la farine et la levure tamisées. Verser dans un moule à génoise bien beurré. Faire cuire au four à 150 °C, (th. 5), 45 minutes environ.

Délayer le sucre glace avec le rhum et une ou deux cuillerées à soupe d'eau afin d'obtenir un mélange coulant mais un peu épais.

Démouler le gâteau chaud et le napper immédiatement.

Servir avec un coulis de fruits rouges.

BISCUIT AUX POMMES

6 personnes.

Préparation : 30 mn.
Cuisson : 50 mn.

Ingrédients :
3 jaunes d'œufs
90 g de sucre
90 g de farine
3 blancs d'œufs
400 g de pommes golden tendres.

Finition :
200 g de pommes
30 g de beurre
50 g de sucre.

Travailler les jaunes avec le sucre. Le mélange doit augmenter de volume. Incorporer la farine tamisée et les blancs montés en neige.

Beurrer et fariner un plat à gratin de 22 cm de diamètre. Verser 1/3 de la pâte, une couche de pommes coupées en tranches fines, puis une deuxième couche de biscuit, une seconde couche de pommes en terminant par une couche de biscuit. Cuire au four à 180 °C (th. 6) pendant 50 minutes.

Après cuisson, décorer avec des petits quartiers de pomme sautés au beurre et légèrement caramélisés.

PAIN DE GENES

6 personnes.

Préparation : 20 mn.

Ingrédients :
125 g d'amandes en poudre
125 g de sucre
2 œufs + 1 jaune
2 blancs d'œufs
50 g de farine
25 g de fécule
75 g de beurre
2 g de levure chimique
1 cl de rhum.

Travailler le mélange sucre, poudre d'amande, œufs et jaune. Le rendre mousseux. Ajouter le rhum puis le mélange tamisé farine, fécule, levure chimique. Incorporer délicatement les 2 blancs d'œufs montés en neige et le beurre fondu.

Verser la pâte dans le moule à génoise beurré et garni au fond d'un papier sulfurisé. Cuire 20 minutes à 170 °C (th. 5-6).

Ce gâteau peut servir d'accompagnement à une salade de fruits.

GATEAU BASQUE AUX POIRES

8 à 10 personnes.

Préparation : 1 h.
Cuisson : 1 h.
Repos : 2 h.

Ingrédients :

Pâte :
350 g de farine
200 g de beurre
220 g de sucre en poudre
2 jaunes d'œufs
1 œuf entier
1 zeste râpé de citron
1 pincée de sel.

Garniture :
1 boîte 4/4 de poires au sirop
1 jaune d'œuf
1/2 l de crème pâtissière
(p. 20).

Travailler le beurre en pommade et le sucre. Ajouter la farine, le zeste et le sel. Travailler pour obtenir un mélange sableux puis ajouter les jaunes et l'œuf entier. Rassembler en boule. Mettre 2 heures au frais.

Abaisser les deux tiers de la pâte dans un moule à tarte haut.

Mélanger la crème pâtissière et les poires taillées en dés. Verser sur la pâte. Abaisser le reste de pâte et former un couvercle sur la tarte. Dorer le dessus avec un jaune d'œuf et dessiner quelques motifs à l'aide d'une fourchette. Mettre à cuire à 150 °C (th. 5).

Démouler le gâteau sur une grille et laisser refroidir.

Servir bien frais.

PAVE AUX POMMES

8 à 10 personnes.

Préparation : 20 mn.
Cuisson : 1 h.

Ingrédients :
12 pommes reinettes
350 g de sucre
8 œufs
50 g de beurre
1 citron
2 pommes golden
1/2 bâtonnet de cannelle
Crème anglaise (p. 20).

Pour le caramel :
300 g de sucre.

Cuire dans 1/2 verre d'eau les pommes reinettes pelées, 200 g de sucre et le jus du citron. Mixer. Ajouter le beurre et les œufs battus.

Préparer un caramel avec le sucre et un peu d'eau. En verser la moitié dans un moule pour le chemiser. Ajouter la préparation précédente et mettre à cuire au four à 210 °C, (th. 7). Retirer en fin de cuisson. Laisser refroidir.

Cuire les pommes golden pelées et coupées en quartiers avec le restant de sucre, la cannelle et un verre d'eau.

Démouler le pavé de pommes sur un plat. Décorer le dessus de pommes.

Servir frais avec une crème anglaise dans laquelle on aura incorporé le caramel liquide restant.

CAKE AUX POMMES

6 personnes.

Préparation : 20 mn.
Cuisson : 30 mn.

Ingrédients :
125 g de beurre
125 g de sucre
3 œufs
150 g de farine
3 g de levure chimique
Quelques gouttes de vanille
500 g de pommes
2 cl de rhum
50 g de nappage blond.

Travailler le beurre et le sucre. Incorporer les œufs un à un puis la farine tamisée avec la levure chimique et la vanille. Verser la moitié de la pâte dans un moule à génoise beurré et fariné dont le fond est recouvert de papier sulfurisé.

Disposer de fines tranches de pommes sur toute la surface. Recouvrir avec l'autre partie de la pâte puis terminer par une couche de tranches de pommes. Cuire au four à 180 °C, (th. 6), 30 minutes.

Arroser de rhum. Lustrer avec le nappage bouillant.

CAKE AUX NOISETTES

6 personnes.

Préparation : 25 mn.
Cuisson : 45 mn.

Ingrédients :
150 g de farine
200 g de sucre
100 g de beurre
150 g de noisettes hachées
3 œufs
2 cuil. à soupe de chocolat en poudre
5 cl de lait
Une pincée de sel
1 cuil. à café de sucre vanillé.

Blanchir le beurre ramolli et le sucre. Ajouter les jaunes d'œufs, le sel, le chocolat en poudre, la farine, le lait. Travailler la pâte pendant 5 minutes.

Ajouter les noisettes, le sucre vanillé. Incorporer délicatement les blancs battus en neige.

Verser dans un moule beurré. Faire cuire au four à 180 °C, (th. 6), pendant 45 minutes.

CAKE MARBRE

6 personnes.

Préparation : 20 mn.
Cuisson : 45 mn.

Ingrédients :
100 g de beurre
175 g de sucre
5 œufs
1 dl de lait
Zeste de citron râpé
175 g de farine
175 g de fécule
5 g de levure chimique
15 g de cacao.

Blanchir le beurre et le sucre. Incorporer le zeste, 6 cl de lait puis les œufs en plusieurs fois. Ajouter délicatement la farine, la fécule et la levure tamisées.

Délayer le cacao avec le reste de lait, ajouter 1/6e de la pâte.

Beurrer et fariner le moule.

Verser une couche de pâte nature. Avec une cuillère à potage, faire deux cordons de pâte chocolatée, remettre une couche de pâte nature puis deux cordons de chocolat. Remplir le moule aux 2/3.

Passer une fourchette en tournant sur toute la longueur de la pâte pour faire un mélange marbré.

Cuire 45 minutes à 180 °C, (th. 6), au début, 160 °C, (th. 5-6), à la fin.

CAKE AU TAHIN

8 à 10 personnes.

Préparation : 15 mn.
Cuisson : 40 mn.

Ingrédients :
300 g de farine
200 g de sucre
150 g de tahin ou de beurre de cacahuètes
1 cuil. à café de bicarbonate de soude
Le jus d'1 orange
80 g de noix hachées
100 g de raisins de Corinthe
120 g de fruits confits
1 pincée de levure en poudre
1 pincée de sel
4 œufs
Sucre glace
Beurre et farine pour le moule.

Mélanger la farine, le sel, le bicarbonate, la levure. Ajouter le tahin ou beurre de cacahuètes, le jus d'orange, les fruits confits, les raisins, les noix et les œufs battus en mousse avec le sucre.

Mélanger avec une spatule et verser la préparation dans un moule beurré et fariné. Mettre à cuire au four à 180 °C (th. 6).

Démouler sur une grille. Laisser refroidir.

Saupoudrer de sucre glace pour servir.

CAKE CHOCO-POIRE

8 personnes.

Préparation : 25 mn.
Cuisson : 50 à 60 mn.

Ingrédients :
3 œufs
150 g de sucre
150 g de farine
1 pincée de levure en poudre
150 g de beurre
50 g d'amandes effilées
100 g de chocolat de ménage au lait
1 boîte 4/4 de poires au sirop ou l'équivalent de poires fraîches pochées au sirop
50 g d'amandes en poudre
Beurre pour le moule
Sucre glace pour le décor.

Travailler les œufs avec le sucre jusqu'à ce que le mélange blanchisse. Ajouter la farine avec la levure, le beurre fondu tiède, la poudre d'amande, le chocolat taillé en gros copeaux et les poires taillées en dés. Verser la préparation dans un moule beurré et chemisé d'amandes effilées.

Mettre à cuire à four chaud, 210 °C (th. 7). Vérifier la cuisson à l'aide d'une aiguille.

Démouler tiède et saupoudrer de sucre glace pour servir.

CAKE A LA SEMOULE

✕○

8 à 10 personnes.

Préparation : 20 mn.
Cuisson : 45 mn.

Ingrédients :
250 g de semoule de blé fine
150 g de farine
150 g de sucre
120 g de beurre
6 œufs
Le zeste d'1/2 citron
Le zeste d'1/2 orange
1 pincée de sel
1 pincée de levure en poudre
50 g de poudre d'amande
Beurre et farine pour le moule.

Sirop :
2,5 dl d'eau
350 g de sucre.

Mélanger la farine, la levure, le sel et la semoule.

Travailler les jaunes d'œufs avec le sucre jusqu'à ce que le mélange blanchisse. Ajouter le beurre fondu, les zestes râpés, la poudre d'amande, la farine mélangée avec le sel, la levure et la semoule puis, à la fin, les blancs en neige.

Verser dans un moule à cake beurré et fariné. Faire cuire au four à 180 °C (th. 6).

Démouler sur une grille. Laisser refroidir.

Préparer le sirop en mélangeant l'eau et le sucre. Porter à ébullition 2 minutes. Imbiber le cake de sirop chaud.

CAKE A L'ORANGE

8 à 10 personnes.

Préparation : 25 mn.
Cuisson : 50 mn.

Ingrédients :
4 œufs
200 g de sucre
100 g de farine
100 g de poudre d'amande
1 zeste d'orange
Quelques gouttes d'eau de fleur d'oranger
200 g de beurre fondu tiède
1 pincée de levure en poudre
Sucre glace
Beurre et farine pour le moule.

Travailler les œufs et le sucre au fouet jusqu'à ce que le mélange blanchisse. Ajouter le beurre fondu, la poudre d'amande et la farine tamisée avec la levure.

Ajouter le zeste râpé d'une orange, quelques gouttes d'eau de fleur d'oranger.

Verser dans un moule beurré et fariné. Mettre à cuire à 210 °C (th. 7).

En fin de cuisson, démouler sur une grille. Laisser refroidir pour servir. Saupoudrer de sucre glace.

MANQUE AU PAVOT

8 personnes.

Préparation : 15 mn.
Cuisson : 55 mn.
Macération : 12 h.

Ingrédients :
85 g de beurre
175 g de sucre semoule
4 œufs
150 g de pavot bleu
120 g de fruits confits
1 zeste de citron
3 cuil. à soupe de rhum
Sucre glace pour le décor
Beurre et farine pour le moule.

Mettre les fruits confits à macérer dans le rhum la veille de la préparation.

Travailler le beurre et le sucre en mousse. Ajouter les jaunes d'œufs, le zeste de citron, le pavot, les fruits confits puis les blancs battus en neige ferme en dernier. Verser la préparation dans un moule à manqué beurré et fariné et mettre à cuire à 210 °C (th. 7).

Retirer en fin de cuisson sur une grille. Laisser refroidir puis saupoudrer de sucre glace. Dresser sur un plat de service.

REMARQUE

Un délicieux gâteau sans farine pour les amateurs de pavot. On peut l'accompagner de crème anglaise parfumée au Cointreau.

QUATRE-QUARTS AU CAFE

8 personnes.

Préparation : 15 mn.
Cuisson : 50 mn.

Ingrédients :
3 œufs
150 g de beurre
5 cl de café très fort
150 g de sucre
170 g de farine
1 pincée de levure
1 pincée de cannelle en poudre
Sucre glace pour le décor
Beurre et farine pour le moule.

Travailler les œufs et le sucre au fouet électrique jusqu'à ce que le mélange fasse le ruban. Ajouter le beurre fondu, le café et la farine tamisée avec la levure et la cannelle. Mélanger délicatement avec une spatule en bois. Verser dans un moule beurré et fariné. Mettre à cuire à 210 °C (th. 7).

Démouler sur une grille. Pour servir, saupoudrer de sucre glace.

GATEAU SEC AUX NOIX

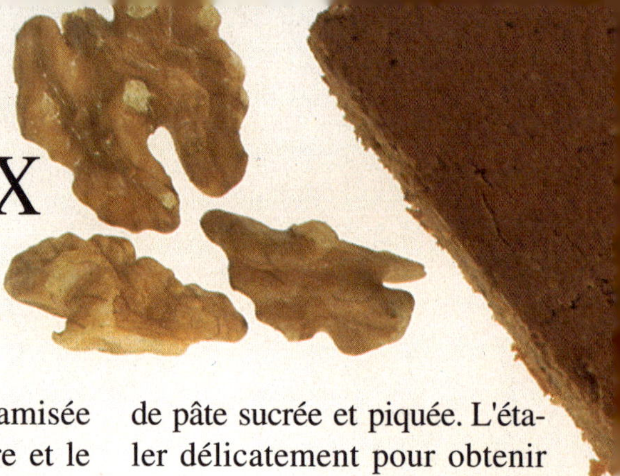

6 personnes.

Préparation : 30 mn.
Cuisson : 35 mn.

Ingrédients :
250 g de farine
100 g de sucre glace
100 g de beurre
2 g de levure chimique
1 œuf.

Garniture :
150 g de sucre
150 g de cerneaux de noix
40 g de beurre
4 cl de lait.

Travailler la farine tamisée avec la levure, le beurre et le sucre glace en sablant l'ensemble. Ajouter l'œuf. Rassembler en boule. L'abaisser. Foncer un moule à tarte avec les 4/5ᵉ de la pâte. Réserver un disque de pâte du même diamètre.

Faire fondre le sucre à sec. Lorsque l'on obtient du caramel blond, ajouter les cerneaux de noix hachées grossièrement. Mélanger. Ajouter le lait puis le beurre en morceaux. Cela décuit un peu le caramel.

Dès que le mélange est fait, le répartir dans le cercle moulé de pâte sucrée et piquée. L'étaler délicatement pour obtenir une épaisseur régulière. Passer un peu d'œuf battu sur le bord de la pâte. Poser le disque de pâte. Passer le rouleau en appuyant pour couper la pâte. Dorer le dessus, rayer à la fourchette, piquer avec une pointe de couteau.

Cuire 35 minutes au four à 160 °C, (th. 5-6). Le gâteau doit être uniformément doré.

Se conserve plusieurs jours enveloppé dans du papier aluminium.

GATEAU MOELLEUX

6 personnes.

Préparation : 15 mn.
Cuisson : 40 mn.

Ingrédients :
160 g de sucre
100 g de beurre
100 g d'amandes
70 g de chocolat râpé
4 œufs
4 biscuits boudoirs
3 cl de lait
2 cl de rhum
20 g de farine
20 g de fécule
10 g de cacao.

Fouetter vigoureusement le beurre en pommade et le sucre. Ajouter les jaunes un à un, les amandes légèrement grillées et le chocolat.

Mettre le lait et le rhum dans une assiette creuse. Tremper les boudoirs dedans. Les ajouter au mélange composé et travailler le tout. Ajouter la farine, la fécule et, délicatement, les blancs montés en neige ferme.

Verser dans un moule beurré et farine. Enfourner à 180 °C, (th. 6), pour 40 minutes. Démouler après refroidissement.

Saupoudrer de cacao amer.

MARQUISE

6 personnes.

Préparation : 10 mn.
Cuisson : 20 mn.

Ingrédients :
250 g de sucre
250 g de beurre
250 g de chocolat
4 œufs
90 g de fécule
Crème anglaise (p. 20).

Travailler au bain-marie le chocolat, le beurre, le sucre et les jaunes d'œufs. Retirer du bain-marie, ajouter la fécule et les blancs montés en neige.

Cuire dans un moule à charlotte beurré et fariné, au bain-marie, à four moyen, 180 °C (th. 6), pendant une vingtaine de minutes.

Laisser refroidir. Démouler, entourer de crème anglaise.

GATEAU CAROTTE

Mixer les carottes avec les amandes et les noisettes.

Battre les œufs et le sucre 10 minutes. Ajouter le beurre fondu, la farine, la levure, la cannelle, le zeste d'un demi-citron, le rhum et les carottes-amandes-noisettes hachées. Mélanger. Verser le tout dans un moule beurré et fariné et mettre à cuire à 210 °C (th. 7).

Démouler. Laisser refroidir. Saupoudrer de sucre glace. Dresser sur un plat et accompagner éventuellement de crème anglaise (p. 20).

8 à 10 personnes.

Préparation : 10 mn.
Cuisson : 50 mn.

Ingrédients :
100 g de carottes
60 g d'amandes en poudre
60 g de noisettes grillées
3 œufs
150 g de sucre
100 g de farine
1 pincée de levure
1 pincée de cannelle
3 cl de rhum
1/2 zeste de citron
120 g de beurre fondu
Beurre et farine pour le moule
Sucre glace pour le décor.

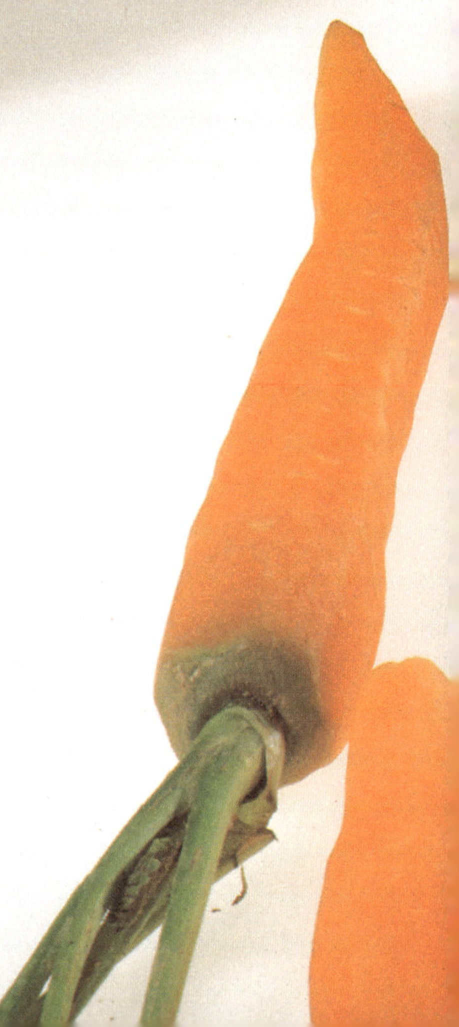

GATEAU AU POTIMARRON

8 à 10 personnes.

Préparation : 20 mn.
Cuisson : 55 mn.

Ingrédients :
450 g de chair de potimarron
200 g de sucre
180 g de poudre d'amande
100 g de beurre
4 œufs
Sucre glace pour le décor
Beurre et farine pour le moule.

Accompagnement :
4 yaourts nature sucrés ou
4 yaourts aux fruits exotiques.

Cuire la chair de potimarron à grande eau ou à la vapeur. La mixer avec le beurre, le sucre, la poudre d'amande et les œufs. Verser la préparation dans un moule beurré et fariné. Mettre à cuire à 180 °C (th. 6).

Démouler sur une grille, mettre au frais avant de consommer.

Saupoudrer largement de sucre glace.

Servir accompagné de yaourts sucrés ou aux fruits exotiques.

CHOUX A LA CREME

6 personnes.

Préparation : 30 mn.
Cuisson : 25 mn.

Ingrédients :
300 g de pâte à choux (p. 14)
600 g de crème pâtissière (p. 20)
1 jaune d'œuf
100 g de fondant
Parfums au choix.

Dresser les choux à l'aide d'une poche munie d'une douille unie, sur une plaque légèrement graissée, en formant des tas réguliers. Rayer à la fourchette. Dorer avec le jaune d'œuf délayé dans un peu d'eau en aplatissant légèrement les choux. Cuire au four entrouvert 20 à 30 minutes suivant grosseur, à 210 °C (th. 7).

Laisser refroidir. Percer le fond. Parfumer la crème. En garnir les choux à l'aide d'une poche. Les glacer au fondant.

ECLAIRS

6 personnes.

Préparation : 30 mn.
Cuisson : 25 mn.

Ingrédients :
300 g de pâte à choux (p. 14)
600 g de crème pâtissière (p. 20)
100 g de fondant
1 jaune d'œuf
Parfums au choix.

Parfumer la crème pâtissière selon votre goût.

Dresser les éclairs à la poche munie d'une douille lisse, sur une plaque légèrement graissée. Les rayer à la fourchette puis les dorer avec le jaune d'œuf dilué dans un peu d'eau. Cuire au four, porte entrouverte, 25 minutes à 210 °C (th. 7). Laisser refroidir.

Les garnir de crème puis les glacer au fondant coloré en fonction du parfum.

RELIGIEUSES

6 personnes.

Préparation : 1 h.
Cuisson : 40 mn.

Ingrédients :
500 g de pâte à choux (p. 14)
800 g de crème pâtissière (p. 20)
1 cl d'extrait de café ou 1 cl de kirsch ou 10 g de cacao
30 g de beurre
100 g de fondant.

Dresser la pâte à choux sur une plaque légèrement beurrée en formant 6 choux moyens et 6 petits. Dorer. Rayer à l'aide d'une fourchette. Cuire à 200 °C (th. 6-7). Les petites pièces seront sorties les premières.

Après refroidissement, percer avec une pointe de couteau les gros choux dessus au centre et les petits choux dessous.

Garnir avec la crème parfumée (en réserver 50 g que l'on mélangera au beurre ramolli afin d'obtenir la crème au beurre).

Tempérer le fondant. Glacer les gros choux à l'aide d'une spatule en bois. Tremper les petits directement dans le fondant pour couvrir l'ensemble du chou.

Disposer au centre de chaque gros chou une rosace de crème au beurre qui permettra de coller la tête des religieuses.

JALOUSIE AUX POIRES

6 personnes.

Préparation : 30 mn.
Cuisson : 40 mn.

Ingrédients :
450 g de pâte feuilletée (p. 15)
50 g de nappage blond
10 g de sucre glace.

Garniture :
500 g de poires
25 g de beurre
25 g de sucre
50 g de raisins secs.

Eplucher, épépiner et couper les poires en petits dés. Les cuire avec le beurre 10 minutes maximum. Dès que les poires sont cuites, ajouter le sucre et les raisins. Laisser refroidir.

Etaler la pâte feuilletée en un rectangle de 25 x 35 cm. Le couper en deux dans le sens de la longueur pour obtenir 2 bandes. Poser la première en la retournant sur la plaque de four humidifiée et la piquer avec une fourchette.

Répartir la garniture en ayant soin de laisser tout autour un espace non garni de 2 cm. Mouiller le tour à l'aide d'un pinceau.

Plier la deuxième bande en deux dans le sens de la longueur en ayant soin de la fariner un peu pour qu'elle ne se colle pas. Entailler la pâte de 4 cm en espaçant les coupes d'1 cm. Poser la bande sur un côté de la jalousie garnie. Déplier pour couvrir l'ensemble. Appuyer pour souder. Chiqueter. Dorer la surface à l'œuf. Cuire à 220 °C, (th. 7-8), puis terminer à 190 °C (th. 6-7).

Après refroidissement, étaler au pinceau sur la partie centrale le nappage bouillant et saupoudrer les bords de sucre glace.

CROQUEMBOUCHE

XXX O

6 personnes.

Préparation : 1 h.
Cuisson : 30 mn.

Ingrédients :
300 g de pâte à choux (p. 14)
600 g de crème pâtissière (p. 20)
300 g de sucre.

Préparer des choux un peu plus gros que pour des profiteroles (4 par personne). Cuire à 220 °C.

Fourrer les choux en les perçant par le fond.

Préparer un caramel blond avec le sucre et 4 cuillerées à soupe d'eau.

Mettre un papier huilé dans un chinois, lequel sera tenu en équilibre dans un récipient. Poser un chou au fond du chinois. Coller 2 ou 3 autres choux qui formeront la première rangée. Continuer par le deuxième rang en trempant le bord du chou en deux endroits pour pouvoir le coller à celui du dessous et à celui d'à côté.

Le dernier rang terminé, verser un peu de caramel bouillant pour parfaire le collage. Renverser le chinois. Enlever le papier.

On peut disposer de part et d'autre des fruits glacés au caramel.

MILLE-FEUILLE PISTACHE

8 personnes.

Préparation : 40 mn.
Cuisson : 30 mn.

Ingrédients :
350 g de pâte feuilletée
3 dl de crème Chantilly
1/4 l de crème pâtissière (p. 20)
4 feuilles de gélatine
3 cuil. à soupe de pistaches émondées
Quelques gouttes d'extrait d'amandes amères.

Pour le décor :
Sucre glace
Chocolat en poudre
80 g d'amandes effilées grillées.

Etaler la pâte feuilletée et y découper 3 cercles de 20 cm de diamètre. Les poser sur une plaque, les piquer à l'aide d'une fourchette puis les mettre à cuire à 210 °C (th. 7). Les retirer en fin de cuisson.

Mixer la crème pâtissière refroidie avec les pistaches et l'extrait d'amandes amères. Ajouter la préparation dans la crème Chantilly ainsi que les feuilles de gélatine trempées quelques minutes à l'eau froide, égouttées et fondues soit au bain-marie soit quelques secondes dans un four à micro-ondes.

Laisser reposer la préparation au frais juqu'à ce que la masse commence à prendre puis monter le mille-feuille en intercalant les disques de feuilletage et la crème à la pistache. Saupoudrer le dessus de sucre glace et faire un décor avec la poudre de chocolat. On peut également réaliser un glaçage au fondant. Chemiser le tour du gâteau d'amandes effilées concassées. Dresser sur un plat. Mettre au frais jusqu'au moment de servir.

REMARQUE

Pour les plus habiles qui souhaitent préparer eux-mêmes leur pâte feuilletée, incorporer une cuillère à soupe de chocolat en poudre dans la farine pour obtenir un feuilletage au chocolat.

PARIS-BREST

Porter le lait et le beurre à ébullition. Jeter la farine d'un seul coup. Mélanger la pâte à l'aide d'une spatule en bois pour la dessécher sur le feu puis la débarrasser dans un saladier. Ajouter les œufs un à un.

Dessiner à la poche une couronne de pâte de 25 cm de diamètre sur une tôle graissée. Dorer avec un jaune d'œuf puis saupoudrer avec les amandes. Faire cuire à 210 °C (th. 7) en évitant d'ouvrir le four pendant la première demi-heure. La pâte doit ressortir cuite et sèche. Laisser refroidir. Couper en deux dans l'épaisseur.

Travailler le beurre en pommade, ajouter le pralin et la crème pâtissière. Mettre cette crème dans une poche à dresser munie d'une douille cannelée et remplir le bas de la couronne. Poser le couvercle dessus, saupoudrer de sucre glace, mettre 2 heures au frais avant de servir.

8 à 10 personnes.

Préparation : 40 mn.
Cuisson : 40 mn.
Repos : 2 h.

Ingrédients :

Pâte :
1/4 l de lait
75 g de beurre
150 g de farine
4 œufs
1 jaune d'œuf.

Garniture :
1/2 l de crème pâtissière (p. 20)
200 g de beurre
5 cuil. à soupe de praliné
30 g d'amandes effilées
Sucre glace.

PRALINE

8 à 10 personnes.

Préparation : 50 mn.
Cuisson : 10 mn.
Repos : 2 h.

Ingrédients :
1 biscuit de Savoie (p. 10)
250 g de beurre
250 g de pralin en pâte
4 blancs d'œufs
250 g de sucre
Sirop au whisky (p. 20)
60 g de noisettes grillées.

Monter les blancs en neige, ajouter le sucre. Battre le mélange au bain-marie 10 minutes. Retirer du feu et continuer de fouetter jusqu'à complet refroidissement. Réserver.

Mixer le beurre ramolli avec le pralin. Ajouter délicatement le meringage.

Tailler le biscuit de Savoie en trois. Poser un socle sur le plat de service et l'imbiber de sirop. Répartir une partie de la crème puis terminer le biscuit de la même façon en utilisant tous les éléments. Chemiser entièrement de crème. Garnir les bords avec des noisettes grillées et hachées.

Mettre 2 heures au frais avant de servir.

BISCUIT AU CITRON

8 à 10 personnes.

Préparation : 55 mn.
Cuisson : 1 h. 10 mn.

Ingrédients :

Biscuit :
4 œufs
160 g de sucre
100 g de farine
60 g de beurre
Le zeste râpé d'1 citron
50 g d'écorce confite de citron
8 tranches de citron confit
Beurre et farine pour le moule.

Meringage :
4 blancs d'œufs
250 g de sucre
Le zeste râpé d'1 citron.

Blanchir les jaunes d'œufs avec le sucre. Ajouter le zeste râpé, le beurre fondu, la farine, l'écorce de citron puis les blancs en neige. Verser la préparation dans un moule beurré et fariné. Mettre à cuire 40 minutes au four à 210 °C (th. 7).

Monter les blancs en neige. Ajouter le sucre. Fouetter 10 minutes au bain-marie, puis jusqu'à complet refroidissement. Ajouter le zeste de citron.

Etaler ce meringage sur le gâteau. Colorer le gâteau au four.

Décorer de tranches confites.

GATEAU AUX DATTES

8 à 10 personnes.

Préparation : 50 mn.
Cuisson : 10 mn.
Repos : 2 h.

Ingrédients :
1 biscuit sacher (recette p. 12)
250 g de dattes
60 g de noisettes grillées
80 g de beurre.

Décor :
200 g de chocolat de ménage
5 cl de lait
100 g de pignons de pin

Découper le biscuit en trois dans l'épaisseur. Mixer les dattes dénoyautées avec le beurre et les noisettes. Poser un socle de biscuit sur un plat de service.

Répartir une partie de la préparation aux dattes. Poser un second disque de biscuit. Répartir le reste de préparation aux dattes et poser le couvercle.

Mettre le chocolat à fondre au bain-marie avec le lait. Mélanger. Napper le biscuit. Appliquer des pignons de pin grillés sur le pourtour du biscuit.

Mettre au frais deux heures.

GATEAU EXOTIQUE AUX PHYSALIS

8 à 10 personnes.

Préparation : 25 mn.
Cuisson : 45 mn.
Repos : 2 h.

Ingrédients :
2 yaourts aux fruits exotiques
150 g de sucre
3 œufs
150 g de farine
1 pincée de levure en poudre
1,5 dl d'huile d'arachide
Crème pâtissière parfumée à la liqueur de passion (p. 20)
1/4 l de chantilly
200 g de physalis
Beurre et farine pour le moule.

Battre les œufs et le sucre au fouet électrique environ 5 minutes. Ajouter l'huile, les yaourts, la farine et la levure mélangées. Verser dans un moule beurré et fariné. Mettre à cuire à 210 °C (th. 7). Retourner sur une grille pour le refroidir.

Parfumer la crème pâtissière avec la liqueur de passion. Retirer l'enveloppe des physalis (en réserver 10 pour le décor du gâteau) et les tailler en quatre. Les ajouter à la crème pâtissière froide.

Couper le biscuit en trois horizontalement. Poser un disque sur le plat de service, ajouter de la crème aux physalis puis terminer le gâteau en alternant les couches. Finir par une couche de biscuit.

Chemiser entièrement le gâteau de chantilly, décorer de rosettes de chantilly et des physalis réservés.

Mettre 2 heures au frais avant de servir.

GATEAU TUTTI FRUTTI

XX O

8 à 10 personnes.

Préparation : 55 mn.
Repos : 2 h.

Ingrédients :
1 biscuit (p. 10)
400 g de fruits divers (pommes, bananes, fraises, etc.)
1/4 l de crème pâtissière (p. 20)
2 cl de kirsch
1/4 l de chantilly.

Couper une calotte sur le dessus du biscuit. Le creuser à l'aide d'un petit couteau, en retirer toute la mie (elle pourra servir pour la confection d'un diplomate p. 154)

Couper les fruits choisis selon la saison et le marché du jour en petits morceaux (comme pour une salade de fruits). Les mélanger avec la crème pâtissière et le kirsch. Mélanger. Mettre cette préparation dans le biscuit.

Poser le couvercle.

Chemiser entièrement le gâteau de chantilly. Décorer des mêmes fruits coupés en tranches que ceux à l'intérieur du gâteau. Mettre 2 heures au frais.

CONSEIL

Pour une présentation plus soignée, on pourra passer les fruits du décor au nappage blond.

GATEAU A LA COMPOTE DE POMMES

6 personnes.

Préparation : 30 mn.
Cuisson : 35 mn.

Ingrédients :
2 œufs
160 g de sucre
175 g de farine
1/2 paquet de levure chimique
1 kg de pommes
2 dl de crème fraîche
1 sachet de sucre vanillé.

Battre les jaunes d'œufs et 100 g de sucre, ajouter la farine tamisée avec la levure et 4 cuillerées d'eau. Incorporer les blancs en neige.

Verser la pâte dans un moule beurré. Faire cuire au four à 150 °C, (th. 5), 35 minutes.

Peler les pommes. Les faire cuire avec un verre d'eau et les 60 g de sucre. Mixer. Laisser refroidir.

Couper le gâteau en deux, le garnir de compote. Décorer avec la crème montée en chantilly avec le sucre vanillé.

GATEAU AUX FRAMBOISES

8 personnes.

Préparation : 20 mn.
Cuisson : 10 mn.

Ingrédients :
1 génoise (p. 12)
750 g de framboises
4 cuil. de gelée de framboise
2 dl de chantilly
200 g de crème pâtissière (p. 20)
120 g de beurre.

Incorporer le beurre dans la crème pâtissière encore tiède. Laisser refroidir.

Diviser le gâteau horizontalement en deux. Répartir la crème sur une moitié. Couvrir avec des framboises. Reconstituer le gâteau, le garnir de framboises, napper de gelée fondue et décorer de chantilly.

GATEAU A L'ORANGE

10 personnes.

Préparation : 45 mn.
Cuisson : 40 mn.

Ingrédients :
Biscuit :
8 œufs
200 g de sucre
125 g de poudre d'amande
40 g d'écorce d'orange confite
Le zeste d'1 orange
120 g de farine
70 g de beurre fondu
1 cuil. à soupe de Cointreau
60 g de sucre glace.

Crème :
2 dl de crème pâtissière (p. 20)
200 g de beurre
2 cuil. à soupe de Cointreau.

Ecorce d'orange confite
Crème Chantilly.

Blanchir les jaunes d'œufs et le sucre. Ajouter les amandes, l'écorce d'orange hachée et le zeste râpé puis la farine, le beurre fondu et le Cointreau.

Battre les blancs en neige, ajouter le sucre glace. Incorporer délicatement à la pâte.

Beurrer un moule à gâteau, y verser la pâte. Faire cuire au four à 150 °C, (th. 5), 40 minutes.

Incorporer le beurre en pommade et le Cointreau à la crème pâtissière.

Couper le gâteau en trois. Répartir la crème. Masquer de chantilly et décorer d'écorce d'orange.

DIPLOMATE

✗○

8 à 10 personnes.

Préparation : 20 mn.
Cuisson : 50 mn. 210 °C.

Ingrédients :
600 g de brioche rassise
130 g de fruits confits
3 cl de rhum
4 œufs
100 g de sucre
3 dl de lait
1 gousse de vanille
Beurre pour le moule
Crème anglaise (p. 20).

Tailler la brioche en tranches fines.

Beurrer un moule et le chemiser de papier sulfurisé. Beurrer l'intérieur et y disposer les tranches de brioche en intercalant des rangées de fruits confits macérés dans le rhum.

Porter le lait à ébullition avec le sucre et la vanille fendue en deux dans la longueur. Le verser sur les œufs battus, retirer la vanille et verser la crème dans le moule. Mettre à cuire au bain-marie à four chaud, 210 °C (th. 7).

Retirer du four, mettre au frais et démouler froid au moment de servir. Dresser sur un plat creux, entourer de crème anglaise et servir.

GATEAU A L'ANIS

8 à 10 personnes.

Préparation : 25 mn.
Cuisson : 55 mn.

Ingrédients :
4 œufs
200 g de sucre
150 g de farine
1 pincée de levure
50 g de noix de coco râpée
200 g de beurre
Beurre et farine pour le moule.

Garniture :
1/2 l de crème pâtissière (p. 20)
100 g d'amandes ou de noisettes grillées et concassées
Beurre et farine pour le moule
Noix de coco pour chemiser le gâteau
Sirop à l'anis pour imbiber le gâteau (p. 20).

Travailler le sucre et les œufs au fouet électrique jusqu'à ce que le mélange fasse le ruban (5 minutes). Ajouter le beurre fondu tiède puis le mélange farine, noix de coco et levure. Mélanger l'ensemble à l'aide d'une spatule en bois puis verser la préparation dans un moule beurré et fariné. Mettre à cuire à 210 °C (th. 7).

Retourner sur une grille et laisser refroidir.

Lisser la crème pâtissière à l'aide d'un fouet puis ajouter les amandes ou les noisettes.

Couper le biscuit en trois dans l'épaisseur, poser un disque sur un plat de service, l'imbiber de sirop à l'anis et le chemiser de crème aux amandes. Terminer le montage du gâteau en utilisant tous les éléments. Chemiser le gâteau entièrement de crème puis de noix de coco râpée.

Chemiser un gâteau : *Etaler la crème sur le dessus, continuer par les bords. Lisser à la spatule.*

MOKA AUX POIRES

8 à 10 personnes.

Préparation : 25 mn.
Cuisson : 35 mn.
Repos : 2 h.

Ingrédients :
3 œufs
150 g de sucre
150 g de beurre
150 g de farine
1 pincée de levure
1 cuil. à soupe de café soluble
450 g de poires cuites ou 1 boîte 4/4
1/2 l de crème pâtissière (p. 20)
70 g d'amandes effilées grillées
Sirop au rhum (p. 20)
Beurre et farine pour le moule.

Décor :
1/4 l de chantilly
Grains de café en chocolat
Quelques gouttes d'extrait de café.

Battre les œufs et le sucre au fouet électrique pendant 5 minutes. Ajouter le beurre fondu tiède puis le mélange tamisé de farine, levure, café soluble. Verser dans un moule beurré et fariné et mettre à cuire à 210 °C (th. 7). Retirer en fin de cuisson, retourner sur une grille.

Ajouter quelques gouttes d'extrait de café dans la crème pâtissière. Ajouter les poires coupées en petits dés dans la crème refroidie (réserver 2 moitiés de poires pour décorer le gâteau). Ajouter les amandes effilées grillées. Mélanger l'ensemble.

Tailler le biscuit en trois dans l'épaisseur, poser un disque sur le plat de service, l'imbiber de sirop au rhum, répartir de la crème café aux poires, poser un deuxième disque de biscuit et procéder de même. Terminer le gâteau par le troisième disque.

Préparer la chantilly, ajouter quelques gouttes d'extrait de café et chemiser entièrement le biscuit de cette crème. Décorer le dessus du gâteau de quelques rosettes de chantilly au café ou nature, de grains de café en chocolat et des poires réservées et émincées finement. Mettre 2 heures au frais avant de servir.

REMARQUE

On peut accompagner ce biscuit avec une crème anglaise dans laquelle on incorpore quelques gouttes d'extrait de café.

BISCUIT AUX DEUX CHOCOLATS

8 à 10 personnes.

Préparation : 1 h.
Cuisson : 50 mn.
Repos : 2 h.

Ingrédients :

Biscuit :
5 œufs
130 g de sucre
60 g de farine
25 g de cacao
50 g de noisettes grillées et hachées
40 g de beurre fondu
Beurre et farine pour le moule.

Garniture :
125 g de chocolat blanc
125 g de chocolat noir
3 dl de crème
1/4 l de crème fouettée
Sirop au rhum (p. 20).

Décor :
Cacao et sucre glace pour le décor
60 g d'amandes grillées.

Travailler 5 jaunes d'œufs et 100 g de sucre avec un fouet électrique jusqu'à ce que le mélange blanchisse.

Monter 4 blancs d'œufs en neige, ajouter 30 g de sucre et battre en neige ferme.

Mélanger la première préparation avec le mélange farine-noisettes-cacao et beurre fondu tiède puis ajouter les blancs en neige en mélangeant délicatement. Verser la préparation dans un moule beurré et fariné et mettre à cuire au four à 210 °C (th. 7). Démouler sur une grille.

Mettre le chocolat blanc à fondre près d'une source de chaleur ou au bain-marie. Le mélanger avec la crème fouettée. Faire prendre au frais.

Porter la crème à ébullition. Retirer du feu et ajouter le chocolat noir cassé en petits morceaux. Mélanger et réserver au frais jusqu'à complet refroidissement (à préparer la veille de préférence) puis fouetter en chantilly à l'aide d'un fouet électrique.

Tailler le biscuit en trois dans l'épaisseur. Poser un fond sur le plat de service et l'imbiber de sirop. Etaler la mousse au chocolat noir. Poser un deuxième disque de biscuit, l'imbiber de sirop, ajouter la mousse au chocolat blanc, poser le couvercle, l'imbiber de sirop. Chemiser le tour du gâteau avec le restant de mousse au chocolat blanc et le dessus de mousse au chocolat noir. Appliquer sur tout le tour du biscuit des amandes effilées, grillées et concassées. Saupoudrer le dessus de cacao ou décorer à la poche à douille avec la crème restante. Mettre 2 heures au frais.

REMARQUE

Pour une fête enfantine, on peut remplacer le rhum par du jus d'orange et décorer entièrement le gâteau avec des confiseries.

MOELLEUX AU CHOCOLAT

8 à 10 personnes.

Préparation : 30 mn.
Cuisson : 55 mn.
Repos : 12 h.

Ingrédients :
4 œufs
200 g de sucre
150 g de beurre
200 g de farine
1 pincée de levure en poudre
1 cuil. à soupe de poudre de cacao.

Garniture :
200 g de chocolat de ménage
2,5 dl de crème
2,5 cl de rhum.

Décor :
200 g de chocolat
5 cl de crème
100 g d'amandes effilées grillées.

Sirop au rhum (p. 20)
Beurre et farine pour le moule.

REMARQUE

On peut accompagner ce gâteau de crème anglaise dans laquelle on incorpore de l'alcool de menthe.

Mettre les 2,5 dl de crème à bouillir. A ébullition, ajouter le chocolat concassé et le rhum. Retirer du feu, mélanger et débarrasser dans un saladier. Mettre au frais jusqu'au lendemain.

Travailler 4 jaunes d'œufs avec la moitié du sucre jusqu'à ce que le mélange fasse le ruban. Monter les blancs, ajouter la moitié du sucre restant et monter en neige ferme.

Mélanger les blancs avec le mélange sucre-jaunes, ajouter le beurre fondu tiède puis ajouter la farine tamisée avec la poudre de cacao et la levure. Verser la préparation dans un moule beurré et fariné et mettre à cuire à 210 °C (th. 7). Retourner sur une grille pour faire refroidir.

A l'aide d'un fouet électrique, battre la crème au chocolat en chantilly.

Tailler le biscuit en trois dans l'épaisseur, poser un disque sur un plat de service, l'imbiber de sirop au rhum, chemiser de crème au chocolat puis terminer le montage du gâteau en utilisant tous les éléments.

Mettre les 200 g de chocolat et les 5 cl de crème à fondre au bain-marie, ajouter les amandes et mélanger. Chemiser entièrement le gâteau avec cette préparation, mettre au frais jusqu'au moment de servir.

GATEAU BLANC

XX O

8 à 10 personnes.

Préparation : 50 mn.
Cuisson : 5 mn.
Repos : 2 h.

Ingrédients :
1 biscuit sacher (p. 12)
300 g de chocolat blanc
1/2 l de crème fouettée
300 g d'amarénas ou de cerises confites à l'eau-de-vie
Sirop au kirsch (p. 20)
100 g de copeaux de chocolat blanc.

Faire fondre le chocolat au bain-marie. Incorporer la crème fouettée, mélanger, mettre au frais pour faire prendre.

Tailler le sacher en trois dans l'épaisseur. Poser un socle sur le plat de service, l'imbiber de sirop au kirsch, répartir un peu de crème au chocolat blanc, répartir dessus quelques amarénas, poser le disque suivant. Recommencer l'opération, terminer par le sommet du biscuit. L'imbiber.

Chemiser entièrement de mousse au chocolat blanc, décorer de rosettes de mousse de chocolat, garnir avec quelques amarénas réservées et les copeaux de chocolat blanc. Mettre 2 heures au frais avant de déguster.

GATEAU AU CHOCOLAT GIANDUJA

Faire griller au four les amandes et les noisettes séparément. Frotter les noisettes dans un torchon pour retirer les peaux.

Mixer les amandes et les noisettes en poudre très fine, ajouter la végétaline, le praliné puis le chocolat de couverture fondu. Mettre au frais. Lorsque la masse commence à prendre, ajouter la crème fouettée.

Couper le biscuit en trois horizontalement. Poser un disque sur le plat de service. L'imbiber de sirop au rhum. Répartir la crème au chocolat sur le premier disque puis continuer le montage du gâteau avec les deux autres disques. Chemiser le biscuit de crème, décorer le dessus de copeaux de chocolat. Mettre 2 heures au frais avant de servir.

8 à 10 personnes.

Préparation : 35 mn.
Cuisson : 5 mn.
Repos : 2 h.

Ingrédients :
1 biscuit (p. 10)
125 g de noisettes
125 g d'amandes effilées
50 g de végétaline
170 g de praliné
80 g de chocolat de couverture
1/2 l de chantilly sans sucre
60 g de copeaux de chocolat
Sirop au rhum (p. 20).

GATEAU CHOCOLAT AU RICQLES

8 à 10 personnes.

Préparation : 45 mn.
Cuisson : 5 mn.

Ingrédients :
1 biscuit sacher (p. 12)
Sirop au Ricqlès (p. 20)
3,5 dl de crème
350 g de chocolat de ménage
1/4 l de crème fouettée
1 flacon de Ricqlès
Cacao et sucre glace pour le décor.

Porter la crème à ébullition. Retirer du feu. Ajouter le chocolat cassé en morceaux. Mélanger, incorporer rer quelques gouttes de Ricqlès. Mettre au frais. Ajouter la crème fouettée à complet refroidissement. Mélanger délicatement, remettre au frais jusqu'au moment où la masse est à la bonne consistance.

Tailler le biscuit en 4.

Poser un disque sur le plat de service, l'imbiber de sirop, ajouter de la crème au chocolat, puis continuer de la même façon avec tous les autres éléments en terminant par un disque de biscuit.

Chemiser entièrement le gâteau de crème au chocolat. Saupoudrer le gâteau de cacao. Faire un décor en sucre glace.

GATEAU AU CHOCOLAT LIGHT

Incorporer les feuilles de gélatine ramollies à la crème anglaise chaude. Ajouter la moitié du chocolat fondu au bain-marie et le cacao. Mélanger et passer au tamis.

Tailler 2 disques dans le biscuit, en poser un dans le fond d'un cercle à gâteau. Ajouter la moitié de la crème refroidie. Poser le deuxième disque de biscuit et le reste de crème. Mettre au frais 2 heures.

Préparer des copeaux de chocolat en passant un couteau économe sur la plaque bien froide. Retirer le cercle. Décorer de copeaux de chocolat.

---

6 à 8 personnes.

Préparation : 40 mn.
Repos : 2 h.

Ingrédients :
2/3 de biscuit au chocolat (p. 10)
1 tablette de chocolat light (75 g)
5 g de cacao sans sucre
1/2 l de crème anglaise (p. 20)
4 feuilles de gélatine.

CONSEIL

On pourra accompagner ce gâteau de crème anglaise dans laquelle on aura incorporé un peu d'alcool de menthe. Décorer éventuellement le gâteau de crème fouettée sans sucre.

Dessert riche en magnésium, en potassium et en fer.

FORET-NOIRE

6 personnes.

Préparation : 45 mn.
Repos : 2 h.

Ingrédients :
1 génoise au chocolat (p. 12).

Chantilly :
25 cl de crème fleurette
30 g de sucre
Quelques gouttes d'extrait de vanille.

Pour fourrer :
100 g de sirop (p. 20) parfumé avec 2 cl de kirsch
200 g de bigarreaux dénoyautés au sirop
50 g de gelée de groseille.

Pour la décoration :
100 g de bon chocolat en copeaux.

Préparer la chantilly et les bigarreaux. Couper la génoise en 3 dans la hauteur.

Imbiber le premier disque de base. Répartir la gelée de groseille et les bigarreaux en ayant soin d'en réserver 7 pièces pour le décor.

Garnir avec un peu de chantilly. Egaliser.

Poser le deuxième disque, l'imbiber, garnir d'un bon centimètre de crème Chantilly, recouvrir avec le dernier disque qui aura été imbibé côté mie. Appuyer avec la main pour mettre à niveau.

Masquer largement le dessus et le pourtour du gâteau avec de la crème Chantilly, décorer de 6 rosaces de chantilly plus une au centre qui seront surmontées des bigarreaux réservés.

Recouvrir le dessus et le tour de copeaux de chocolat.

Garder au frais 2 heures.

DUO CHOCO-ORANGE

8 à 10 personnes.

Préparation : 50 mn.
Cuisson : 55 mn.

Ingrédients :
125 g de beurre
120 g de sucre
5 jaunes d'œufs + 1 œuf entier
5 blancs d'œufs
125 g de chocolat de ménage
50 g de pistaches émondées
80 g de farine
80 g de poudre d'amande
1 pot de confiture à l'orange
250 g de chocolat de ménage +
60 g d'amandes effilées et grillées
Beurre et farine pour le moule.

Sauce orange :
100 g de sucre
2 oranges, soit 2 dl de jus
1 dl de sirop de grenadine.

Travailler le beurre et 80 g de sucre pour le faire mousser. Ajouter les jaunes d'œufs et l'œuf entier. Mélanger.

Ajouter le chocolat fondu, la farine, la poudre d'amande et les pistaches.

Monter les blancs en neige ferme et les serrer en ajoutant 40 g de sucre. Les ajouter délicatement à la précédente préparation. Verser dans un moule beurré et fariné et mettre à cuire à 210 °C (th. 7). En fin de cuisson, démouler sur une grille. Laisser refroidir.

Couper le biscuit en trois dans l'épaisseur. Le fourrer de confiture d'orange et le reconstituer.

Mettre le chocolat à fondre au bain-marie puis ajouter les amandes effilées grillées. Mélanger, verser sur le gâteau et le chemiser entièrement à l'aide d'une spatule. Mettre au frais.

Servir bien frais avec une sauce à l'orange.

Sauce à l'orange :

Préparer un caramel avec le sucre et quelques gouttes d'eau. Prélever le zeste d'une orange, le tailler en fine julienne et le mettre à confire dans le sirop de grenadine (pocher 5 minutes à petit feu) puis le retirer.

Décuire le caramel avec le jus des oranges. Donner un bouillon, retirer, ajouter les zestes et mettre au frais.

BISCUIT ROULE AU CITRON

6 personnes.

Préparation : 1 h.

Ingrédients :
1 plaque de biscuit roulade (p. 16).

Crème mousseline citron :
2 œufs
130 g de sucre
130 g de beurre
300 g de citrons.

Punch :
1 dl de sirop (p. 20)
1/2 citron.

Glaçage :
100 g de chocolat
50 g de beurre.

Enlever le papier du biscuit et le remettre sur une nouvelle feuille de papier. L'imbiber avec le punch.

Préparer la crème mousseline citron de la façon suivante : mettre 2 œufs dans une petite casserole, ajouter le sucre, battre un peu au fouet, ajouter le zeste de citron (non traité) râpé finement, puis le jus de citron ainsi que la moitié du beurre coupé en petits morceaux. Fouetter ce mélange sur un feu doux jusqu'à frémissement. Retirer du feu. Dès que le mélange est froid (15 à 18 °C), mélanger la deuxième partie de beurre ramolli. Fouetter le tout.

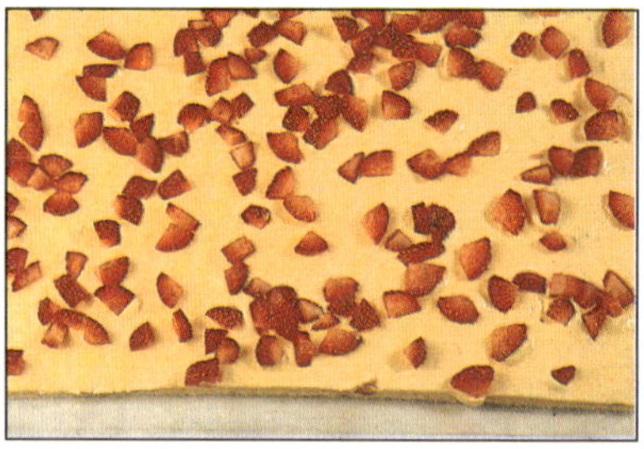

Garnir le biscuit pour le rouler. On peut agrémenter la crème de petits morceaux de fraises ou de framboises avant de le rouler. Le pli doit se trouver dessous.

Glacer avec le glaçage tiède. Laisser raffermir au frais et servir.

ROULE AUX MARRONS

6 personnes.

Préparation : 40 mn.

Ingrédients :
1 plaque de biscuit roulade (p. 16)
12 châtaignes
250 g de purée de marron sucrée
50 g de beurre
Sucre glace.

Punch :
1 dl de sirop (p. 20)
2 cl de rhum.

Même préparation que pour le biscuit roulé au citron.

La purée de marron sera enrichie ou non avec un peu de beurre pommadé. Bien mélanger. Puncher le biscuit, garnir puis rouler le biscuit.

Saupoudrer de sucre glace. Décorer avec quelques châtaignes rôties au four ou cuites à l'eau et décortiquées.

BUCHE DE NOEL

XXX ∞

6 personnes.

Préparation : 1 h.
Cuisson : 5 mn.

Ingrédients :
1 plaque de biscuit roulade (p. 16)
400 g de crème au beurre (p. 19)
30 g de fruits confits hachés finement.

Punch :
100 g de sucre
5 cl d'eau
2 cl de kirsch.

Décoration :
20 g d'amandes effilées et grillées
20 g de copeaux de chocolat
10 g de fruits confits hachés finement.

Dissoudre le sucre dans l'eau en chauffant. Ajouter le kirsch. Laisser refroidir.

Décoller le biscuit du papier. Le poser sur une feuille propre, l'imbiber avec le sirop parfumé et étaler le tiers de la crème dessus. Répartir les fruits confits, rouler le biscuit sur le côté le plus long pour obtenir un rouleau assez gros. Terminer en laissant le pli dessous, masquer toute la surface avec une bonne épaisseur de crème. Couper les deux bouts légèrement en biais, qui seront rapportés dessus pour faire les nœuds. Parfumer un tout petit peu de crème avec du chocolat ou du café pour masquer les bouts.

Rayer avec une fourchette.

On peut la décorer en la parsemant de quelques bouquets d'amandes grillées, de copeaux de chocolat, de fruits confits et éventuellement de champignons en meringue.

SAINT-HONORE

6 personnes.

Préparation : 40 mn.
Cuisson : 20 mn.

Ingrédients :
200 g de pâte brisée ou de pâte feuilletée (p. 15).

Pâte à choux :
10 cl d'eau
40 g de beurre
1 g de sel
3 g de sucre
60 g de farine
2 œufs.

Crème pâtissière :
2 dl de lait
1 jaune d'œuf
50 g de sucre
25 g de farine
1 cl de kirsch.

Crème Chantilly :
1/4 l de crème fouettée
40 g de sucre
Vanille.

Caramel :
100 g de sucre.

Etaler la pâte en disque de 22 cm de diamètre et de 2 mm d'épaisseur. Faire une couronne en pâte à choux à 1 cm du bord (douille moyenne).

Masquer le centre du disque d'une spirale de pâte à choux (ne pas mettre trop de pâte).

Dresser 13 petits choux de la grosseur d'une profiterole sur la plaque légèrement beurrée. Faire cuire le tout à 200 °C, (th. 6-7), pendant 20 minutes environ.

Faire la crème pâtissière (voir réalisation p. 20). Monter la chantilly.

Dès que le Saint-Honoré est cuit, coller les choux au caramel sur la couronne de pâte à choux et caraméliser le dessus à l'aide d'une cuillère. Le treizième sera réservé pour être mis au centre après la garniture. Parfumer la crème pâtissière et en garnir le fond du Saint-Honoré.

Resserrer la crème Chantilly et garnir en décorant le Saint-Honoré. Placer le dernier chou.

Faire une couronne de pâte à choux sur le bord et une spirale au centre.

Coller les choux caramélisés.

Couvrir de chantilly. Placer le dernier chou.

VARIANTES

Saint-Honoré avec bavaroise :

Remplacer la crème pâtissière par une couche de bavarois fait avec : 10 cl de lait, 1 jaune d'œuf, 30 g de sucre, 3 g de gélatine, 10 cl de crème fouettée, 1 cl de kirsch.

Finir la garniture avec 20 cl de crème Chantilly.

Saint-Honoré Chiboust :

1/4 l de lait, 4 jaunes d'œufs, 125 g de sucre, 30 g de farine ou de maïzena, 2 cl de kirsch, 4 blancs d'œufs montés en neige, 4 g de gélatine.

Mélanger la crème pâtissière bouillante avec la gélatine et les blancs d'œufs battus en neige ferme légèrement sucrés.

Attention ! Cette crème s'altère très rapidement.

SAVARIN

6 personnes.

Préparation : 30 mn.
Cuisson : 25 mn.

Ingrédients :
Pâte :
150 g de farine
2 g de sel
12 g de sucre
2 œufs
8 g de levure de bière
4 cl d'eau tiède
50 g de beurre.

Sirop :
200 g de sucre
400 g d'eau
Un zeste d'orange ou de citron
1 bâton de cannelle
3 cl de rhum.

Garniture :
2 dl de crème
30 g de sucre
Extrait de vanille.

Finition :
50 g de nappage blond
4 bigarreaux confits
1 orange
1 kiwi.

Faire la pâte à savarin (p. 17). Laisser lever. Mouler. Laisser lever à nouveau. Enfourner à 200 °C, (th. 6-7), pour 20 minutes.

Pendant la cuisson, préparer le sirop pour tremper le savarin, en portant à ébullition tous les ingrédients à l'exception du rhum.

Mettre le savarin renversé dans une assiette, elle-même placée dans un plat plus grand de façon à récupérer l'excédent. Verser le sirop chaud doucement. S'assurer que le savarin est imbibé jusqu'au cœur en le palpant avec le pouce et l'index.

Laisser refroidir le savarin, l'arroser avec le rhum.

Lustrer le dessus et la partie extérieure avec le nappage bouillant. Laisser de nouveau refroidir avant de le garnir de chantilly. Le mettre sur le plat de service en le faisant glisser de l'assiette.

Décorer avec les fruits.

Verser le sirop sur le savarin.

Le lustrer avec le nappage bouillant.

BISCUIT GLACE AU PAVOT, SABAYON AU COINTREAU

8 à 10 personnes.

Préparation : 35 mn.
Cuisson : 10 mn.

Ingrédients :
1 biscuit (p. 10)
8 jaunes d'œufs
1/4 l d'eau
250 g de sucre
3/4 l de crème
30 g de graines de pavot bleu
Sirop au Cointreau (p. 20)
1/4 l de chantilly.

Sabayon :
1,5 dl de sauternes
20 g de sucre
4 jaunes d'œufs
5 cl de Cointreau.

Porter l'eau et le sucre à ébullition. Délayer les jaunes avec un peu de sirop puis les verser dans le reste. Cuire le mélange comme une crème anglaise jusqu'à ce que le mélange nappe la spatule. Fouetter hors du feu à l'aide d'un fouet électrique jusqu'à complet refroidissement (le mélange doit avoir doublé de volume).

Fouetter la crème. L'ajouter au précédent mélange, ajouter le pavot.

Tailler le biscuit en trois dans l'épaisseur, poser un disque dans un cercle à gâteau, imbiber de sirop, ajouter un peu de préparation au pavot puis continuer la progression du biscuit dans le même ordre jusqu'à épuisement des denrées.

Mettre le gâteau dans le congélateur pour le faire prendre puis le démouler et le tailler en portions ou le présenter en entier, décoré de rosettes de chantilly.

Sabayon

Mélanger les jaunes d'œufs avec le sucre, le sauternes, le Cointreau et fouetter le mélange au bain-marie pour le rendre épais et mousseux. Continuer de fouetter 5 minutes, hors du feu.

NOUGAT GLACE

8 à 10 personnes.

Préparation : 35 mn.
Cuisson : 5 mn.
Repos : 3 h.

Ingrédients :
1 biscuit (p. 10)
4 blancs d'œufs
130 g de sucre
100 g de miel liquide
60 g de glucose
1/2 l de crème
50 g de raisins secs
100 g de noix
80 g de griottes au kirsch
3 cl de Grand-Marnier
50 g de fruits confits
Sirop au Grand-Marnier (p. 20)
1/4 l de chantilly.

Porter à ébullition le sucre, le miel et le glucose.

Verser la préparation sur les blancs battus en neige ferme puis continuer de fouetter jusqu'à refroidissement.

Battre la crème en chantilly puis ajouter le Grand-Marnier, mélanger les deux préparations puis ajouter la garniture.

Tailler le biscuit en trois dans l'épaisseur.

Poser un disque dans un cercle à gâteau. Imbiber de sirop. Verser un tiers de la préparation, ajouter un disque de biscuit, imbiber de sirop, ajouter un peu de préparation, puis terminer par le dernier disque de biscuit.

Mettre le gâteau 3 heures au congélateur pour le faire prendre puis le démouler. Le chemiser et le décorer de chantilly.

Présenter entier ou en portions sur assiette avec un coulis de framboise (p. 22) ou une crème anglaise (p. 20).

Coulis de framboise :

Mixer 250 g de framboises avec 125 g de sucre.

Fond d'assiette :
Napper le fond de crème anglaise. Déposer des filets de coulis.

Passer la lame d'un couteau dans un sens puis dans l'autre.

SOUFFLE GLACE AU COINTREAU

Cuire le sucre au boulé. L'ajouter aux jaunes d'œufs. Fouetter jusqu'à complet refroidissement. Mélanger avec la meringue italienne, la crème fouettée et le Cointreau.

Prévoir un moule à soufflé ou des ramequins.

Préparer le sirop en mélangeant soigneusement tous les ingrédients.

Rehausser les bords du moule avec un carton ou un papier aluminium. Mouler en incorporant des dés de génoise imbibés avec le sirop parfumé. Lisser la surface. Laisser prendre au moins 4 heures au congélateur.

Au moment de servir, retirer la bande de papier. Décorer.

6 personnes.

Préparation : 50 mn.
Cuisson : 5 mn.
Congélation : 4 h.

Ingrédients :
4 jaunes d'œufs
75 g de sucre
2 cl de Cointreau
4 dl de crème fouettée
100 g de génoise (p. 12)
150 g de meringue italienne (p. 18).

Sirop :
50 g de sucre
2 cl d'eau
1 cl de Cointreau.

VACHERIN GLACE

6 personnes.

Préparation : 40 mn.

Ingrédients :
2 disques de meringue de 20 cm de diamètre (p. 20)
4 dl de glace vanille
4 dl de sorbet fraise
2 dl de crème Chantilly
100 g de fraises ou de framboises
20 g d'amandes effilées
20 g de chocolat en copeaux.

Les glaces doivent être légèrement ramollies. Les répartir en couches successives sur le premier disque de meringue. Egaliser la surface.

Poser le deuxième disque de meringue à l'envers pour avoir la surface plate au-dessus.

Masquer le dessus et le tour avec la crème Chantilly. Ce travail doit être fait très rapidement. Remettre le tout au congélateur. Le décor peut être fait plus tard.

Décorer à la poche à douille cannelée, ajouter des fraises ou des framboises, des amandes effilées grillées et des copeaux de chocolat.

VACHERIN ANTILLAIS

8 à 10 personnes.

Préparation : 20 mn.

Ingrédients :
2 disques de meringue achetés chez le pâtissier (25 cm de diamètre)
1/2 l de glace cacahuète
1/2 l de glace à la noix de coco
1/2 l de glace au rhum et aux raisins
1/2 l de chantilly
80 g d'amandes effilées grillées

Poser un disque de meringue sur un plat de service.

Superposer les 3 couches de glace, poser le deuxième disque de meringue. Lisser les bords à la spatule.

Décorer de chantilly. Mettre au congélateur jusqu'au moment de servir.

Décorer le dessus d'amandes effilées et grillées.

GATEAU GLACE

8 à 10 personnes.

Préparation : 40 mn.
Cuisson : 10 mn.

Ingrédients :
4 blancs d'œufs
250 g de sucre
1 génoise (p. 12)
1,5 l de glace de différents parfums au choix
Sirop au Grand-Marnier (p. 20).

Creuser le milieu du biscuit et l'imbiber de sirop.

Monter les blancs en neige puis ajouter le sucre. Travailler cette préparation au fouet électrique au bain-marie pendant 10 minutes. La préparation va être épaisse et brillante. Retirer du feu et continuer de battre jusqu'au refroidissement.

Chemiser l'intérieur et l'extérieur du biscuit de cette préparation. Le passer rapidement sous le gril.

Au moment de servir, remplir la cavité de boules de glace et servir.

CAISSETTES AMANDES

Pour 25 pièces environ.

Préparation : 5 mn.
Cuisson : 10 mn.

Ingrédients :
120 g de poudre d'amande
150 g de sucre
1 blanc d'œuf
30 g de farine
Caissettes de papier.

Mélanger à sec les amandes, le sucre et la farine. Ajouter le blanc d'œuf.

Mélanger et remplir les caissettes de papier avec la préparation.

Faire cuire à four moyen à 180 °C (th. 6), pendant 8 à 10 minutes.

CROQUETS

Pour 40 pièces environ.

Préparation : 15 mn.

Ingrédients :
150 g de farine
60 g de beurre
75 g de sucre
1 gros œuf
1 zeste d'orange
Extrait de vanille
75 g d'amandes ou de noisettes.

Sabler la farine, le sucre et le beurre ramolli. Ajouter l'œuf puis le zeste d'orange râpé, la vanille et les amandes. Hacher un peu la pâte avec un gros couteau pour répartir les ingrédients. Diviser la pâte en deux ou trois.

Faire des boudins de la grosseur d'un bouchon. Les mettre sur plaque et les aplatir un peu avec les doigts. Dorer, rayer à la fourchette et mettre au four à 180 °C, (th. 6), pour 10 minutes.

Les sortir du four dès que la croûte est dorée. Détailler en petits morceaux d'1,5 cm de large.

ETOILES GLACEES

Pour 100 pièces environ.

Préparation : 1 h 30 mn.
Repos : 1 h.
Cuisson : 10 mn.

Ingrédients :
250 g de farine
3 cuil. à café de levure chimique
1 sachet de sucre vanillé
60 g de sucre glace
100 g de beurre
1 jaune d'œuf
3 cuil. à soupe de lait
1 pincée de sel
5 gouttes de jus de citron.

Pour glacer :
150 g de sucre glace
2 cuil. à café de jus de citron
3 cuil. à soupe d'eau chaude.

Tamiser la farine et la levure. Mélanger progressivement le sucre, le sucre vanillé, le sel, le jus de citron, le jaune d'œuf et le lait. Ajouter le beurre en petits morceaux et pétrir. Laisser reposer 1 heure au frais.

Abaisser la pâte très finement et découper des étoiles à l'emporte-pièce. Faire cuire sur une tôle beurrée à four moyen, à 160 °C (th. 5-6), 10 minutes.

Délayer le sucre glace avec le jus de citron et l'eau chaude. Glacer les étoiles.

FLORENTINS

XX OO

Pour 60 pièces environ.

Préparation : 40 mn.
Cuisson : 5 mn.

Ingrédients :
125 g d'amandes effilées
60 g d'écorce d'orange confite
60 g d'écorce de citron confite
125 g de sucre
15 g de beurre
15 cl de crème fraîche
50 g de farine.

Pour glacer :
120 g de chocolat noir
2 cuil. à soupe d'eau
1 noix de beurre.

Mélanger la crème, les amandes, les écorces coupées en petits morceaux, le sucre et le beurre. Faire cuire à petit feu pendant 3 minutes en remuant constamment.

Hors du feu, ajouter la farine et mélanger.

Disposer des petits tas de pâte sur plaque beurrée. Les aplatir et les faire cuire 5 minutes au four à 190 °C (th. 6-7).

A la sortie du four, leur donner une forme ronde régulière. Laisser refroidir.

Faire fondre le chocolat du glaçage au bain-marie. Ajouter l'eau et le beurre. Glacer un côté des petits gâteaux. Rayer à la fourchette en faisant des vagues.

LANGUES DE CHAT

X O

Pour 40 pièces environ.

Préparation : 10 mn.
Cuisson : 7 à 8 mn.

Ingrédients :
45 g de beurre
60 g de sucre glace
1 1/2 blanc d'œuf
Extrait de vanille
70 g de farine.

Fouetter le beurre en pommade avec le sucre et l'œuf. Ajouter la vanille puis la farine d'un seul coup. Mélanger.

Dresser à la poche, avec une petite douille unie, de fins bâtonnets espacés sur une plaque très légèrement beurrée. Taper légèrement la plaque pour aplatir la pâte. Mettre à cuire 7 à 8 minutes à 180 °C (th. 6).

Les décoller aussitôt et les maintenir à plat jusqu'à complet refroidissement.

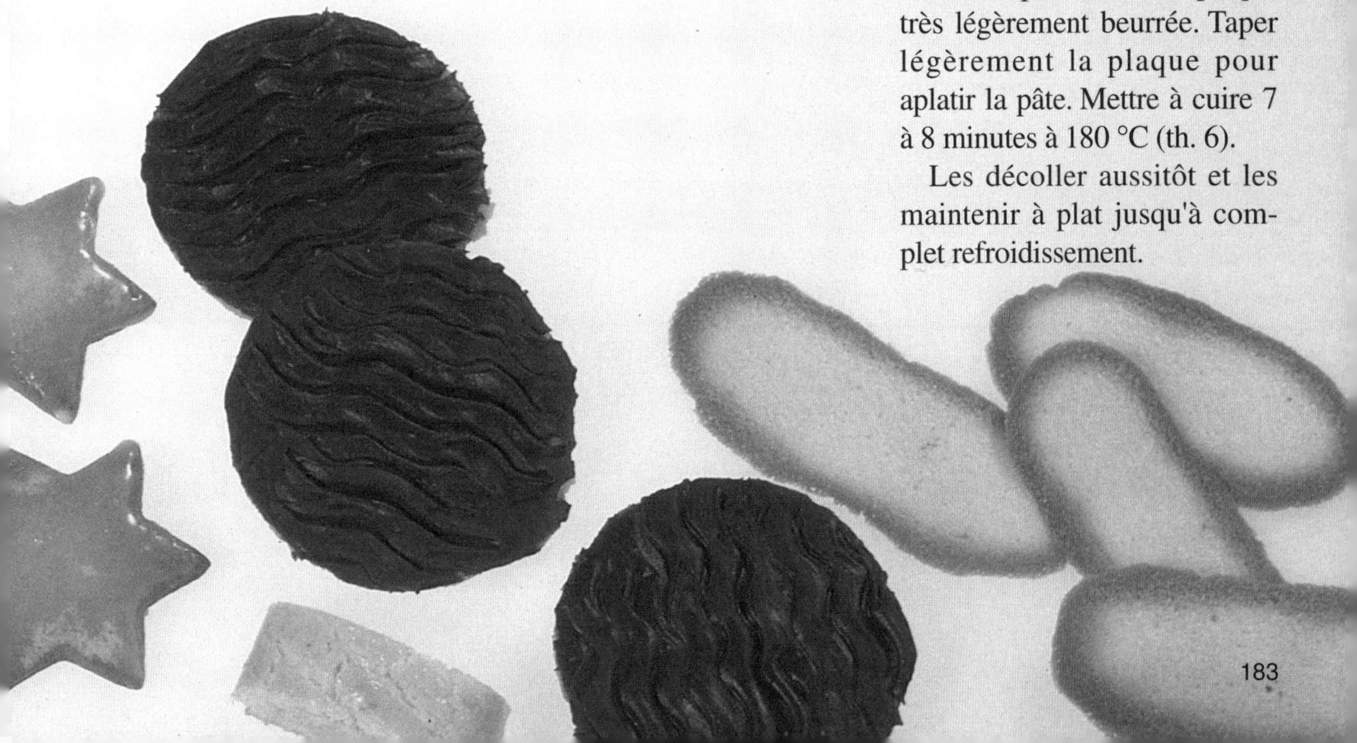

MACARONS

Pour 60 pièces environ

Préparation : 15 mn.
Cuisson : 10 mn.

Ingrédients :
2 blancs d'œufs
125 g de sucre
175 g de poudre d'amande
1 cuil. à café de cannelle.

Battre les blancs en neige. Ajouter le sucre, les amandes et la cannelle.

Disposer des petits tas à l'aide de 2 cuillères ou avec une poche à douille sur une plaque recouverte de papier sulfurisé.

Faire cuire à four moyen à 200 °C, (th. 6-7), pendant 10 minutes.

OURSINS

Pour 60 pièces environ.

Préparation : 25 mn.
Repos : 2 h.
Cuisson : 15 mn.

Ingrédients :
180 g de beurre
1 œuf
125 g de sucre
250 g de farine
1/2 paquet de levure chimique
Sucre en grains pour le décor.

Travailler vigoureusement le beurre ramolli, le sucre et l'œuf. Ajouter la farine et la levure tamisées. Laisser reposer au réfrigérateur pendant 2 heures.

Façonner des boules de la taille d'une noix. Rouler une face dans le sucre en grains. Poser l'autre sur la tôle beurrée.

Faire dorer à four moyen, à 180 °C (th. 6), pendant 15 minutes.

PETITS FOURS

Pour 40 pièces environ.

Préparation : 20 mn.
Repos : 2 h.
Cuisson : 10 mn.

Ingrédients :
250 g de farine
125 g de sucre
125 g de beurre
5 jaunes d'œufs
2 cl de lait.

Travailler la farine tamisée, le sucre, 4 jaunes d'œufs et le beurre coupé en petits morceaux. Former une boule et laisser reposer 2 heures.

Abaisser finement et découper à l'emporte-pièce.

Dorer avec le dernier jaune d'œuf dilué avec le lait et faire cuire 5 à 10 minutes à four moyen, à 180 °C (th. 6) sur une tôle beurrée.

ROCHERS

Pour 40 pièces environ.

Préparation : 10 mn.
Repos : 1 h.
Cuisson : 15 mn.

Ingrédients :
180 g de sucre
2 œufs
250 g de noix de coco.

Travailler vigoureusement le sucre et les œufs. Le mélange doit être mousseux.

Incorporer la noix de coco. Laisser reposer 1 heure.

A l'aide de 2 cuillères, disposer des petits macarons sur une tôle beurrée. Faire cuire à four moyen, à 160 °C (th. 5-6) pendant 15 minutes.

SABLES

Pour 120 pièces environ.

Préparation : 20 mn.
Repos : 1 h.
Cuisson : 10 mn.

Ingrédients :
250 g de farine
120 g de beurre
250 g de sucre
250 g d'amandes moulues
Le zeste râpé d'1 citron
2 blancs d'œufs
Une pincée de sel.

Tamiser la farine. Ajouter le beurre coupé en petits morceaux, le sucre, le sel, les amandes et le zeste. Travailler du bout des doigts. Ajouter les blancs d'œufs et pétrir rapidement.

Former un rouleau de 3 cm de diamètre. Le réserver au frais 1 heure.

Le couper en rondelles de 3 mm d'épaisseur. Les faire cuire 8 à 10 minutes à four moyen, à 200 °C (th. 6-7).

TUILES

Pour 30 pièces environ.

Préparation : 10 mn.
Cuisson : 7 à 8 mn.

Ingrédients :
60 g de sucre
60 g d'amandes effilées
25 g de farine
1 œuf
1 blanc d'œuf cru
Quelques gouttes d'extrait de vanille.

Mélanger tous les ingrédients à la cuillère.

Former des petits tas de pâte sur une plaque beurrée et farinée. Etaler à l'aide d'une fourchette mouillée.

Cuire à 180 °C, (th. 6), jusqu'à coloration de la pâte, c'est-à-dire 7 à 8 minutes environ. Les retirer de la plaque avec une palette et les déposer sur un rouleau ou une bouteille.

DECORS

MATERIEL

① Grille

② Poche

③ Douille

④ Cuillère en bois

⑤ Zesteur

⑥ Cuillère à pommes parisiennes

⑦ Cuillère

⑧ Econome

⑨ Fouet

⑩ Couteau

⑪ Cuillère à glace

⑫ Pinceau

⑬ Papier sulfurisé (cornet)

⑭ Cul-de-poule

⑮ Emporte-pièce

8
9
10
11
12
13
14
15

MASQUER UN GATEAU

Placer le gâteau sur un carton et sur une grille. Répartir la crème choisie sur le dessus

et sur les bords. Lisser à la spatule. Réserver au frais quelques instants.

Imiter la paille à l'aide d'un couteau cranté.

Garnir le tour d'amandes ou de noisettes grillées et hachées, de paillettes de chocolat...

LA POCHE A DOUILLE

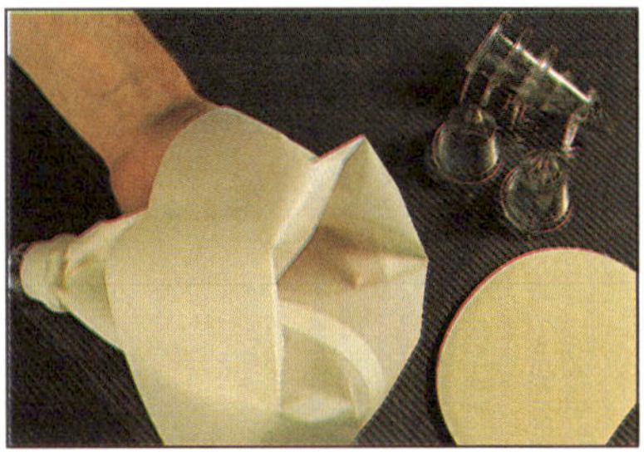

Maintenir la poche ouverte entre le pouce et l'index. La remplir.

Froncer le haut puis serrer pour mettre la crème sous pression.

MILLE-FEUILLES

Confection d'un cornet *: ramener le sommet d'un triangle en papier sulfurisé sur la base en l'enroulant. Serrer pour former une pointe fine. Rabattre l'angle. Remplir puis couper la pointe au diamètre souhaité.*

Etaler rapidement le fondant tempéré à l'aide d'une spatule.

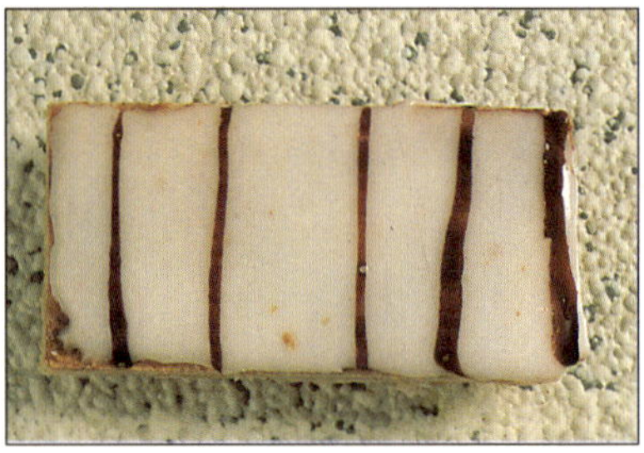

Disposer les filets de fondant chocolat au cornet.

Passer la lame d'un couteau dans un sens puis dans l'autre. Toutes ces opérations doivent se faire très rapidement.

GLAÇAGE CHOCOLAT

Hacher le chocolat. Le faire fondre doucement au bain-marie. Le retirer du feu à 50° C. Remuer pour le refroidir jusqu'à 30° C environ.

Placer le gâteau sur une grille. Verser la couverture.

Lisser rapidement à la spatule.

Décorer par exemple de rosaces de crème et de sujets en sucre.

ABRICOTINE

Chauffer l'abricotine à feu doux.

Lustrer les tartelettes à l'aide d'un pinceau.

FONDANT

Réchauffer le fondant à feu doux. Ne pas dépasser 34° C, il perdrait son brillant.

On peut l'aromatiser ou le colorer (extrait de café, chocolat, sirops...).

RELIGIEUSES

Assembler, à l'aide d'un peu de crème au beurre, un petit et un gros choux passés dans le fondant.

Terminer la décoration à l'aide d'une poche munie d'une douille cannelée.

FONDS D'ASSIETTES

Remplir un cornet de crème au beurre, de crème Chantilly ou de chocolat tempéré.

Séparer l'assiette suivant le motif choisi.

Répartir les sauces froides (coulis, crème anglaise) avec précaution.

DECORS D'ASSIETTES

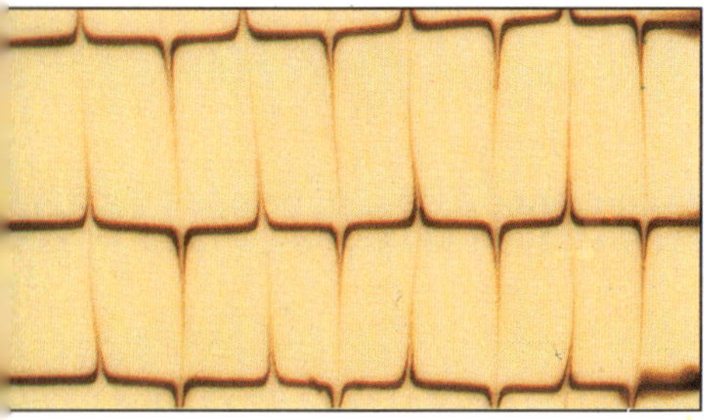

Répartir la crème anglaise. A l'aide d'un cornet, déposer des filets parallèles de crème chocolatée.

Passer la lame d'un petit couteau alternativement dans un sens puis dans l'autre.

Répartir la crème anglaise chocolatée. Laisser tomber régulièrement quelques gouttes de crème nature.

Passer une pique pour couper les gouttes en deux.

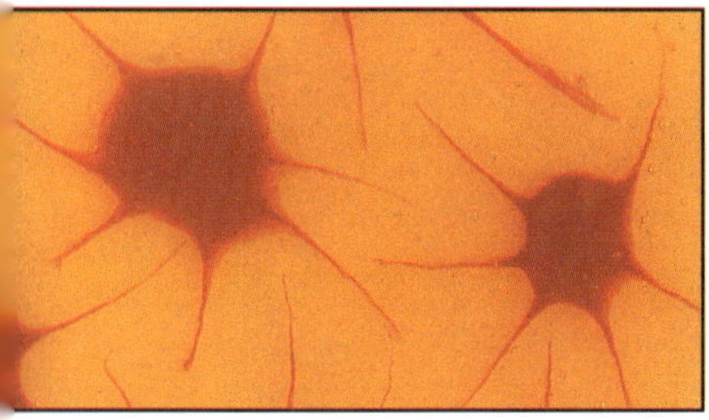

Disposer le coulis au fond de l'assiette. Répartir le deuxième coulis en larges taches.

Les laisser telles quelles ou former des araignées à l'aide d'une pique.

DECORS DE MOUSSE

A l'aide d'un cornet, laisser tomber un filet de chocolat sur la paroi du verre. Remplir. Décorer le dessus de fruits et d'un motif au cornet.

Remplir les moules à moitié. Disposer les fruits vers l'extérieur. Compléter. Lisser la surface. Laisser prendre.

CHOCOLAT

Pour la réalisation de tous ces sujets, pour le glaçage et pour l'enrobage, il est important d'utiliser un bon chocolat fondant ou mieux, du chocolat de couverture, plus riche en beurre de cacao.

L'opération la plus délicate est de tempérer correctement son chocolat. Pour cela il faut le faire fondre doucement au bain-marie, sans dépasser 50 °C, le laisser refroidir jusqu'à 26-27 °C en remuant puis le ramener à 32 °C. Le chocolat est alors prêt à être utilisé, on dit qu'il est mis au point ou tempéré.

PASTILLES

Déposer des petits tas de couverture tempérée sur une feuille de papier sulfurisé placée sur une planche.

Tapoter le tout pour étaler les tas. Laisser refroidir. Décoller délicatement.

DENTS-DE-LOUP

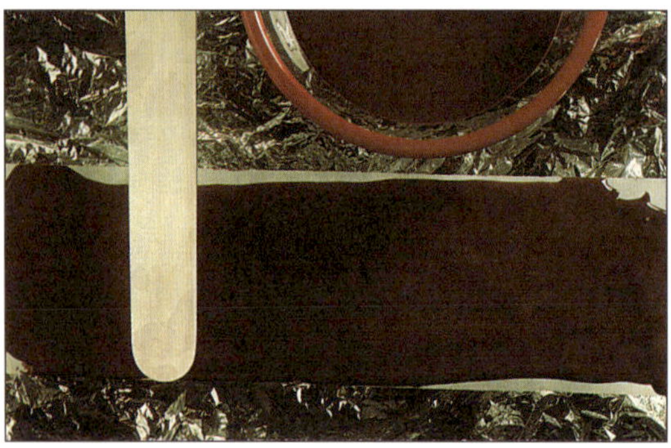

Etaler le chocolat tempéré sur le papier sulfurisé.

Dès que le chocolat commence à prendre, découper les dents-de-loup.

PALMIERS

A l'aide d'un cornet, dessiner un palmier sur du papier sulfurisé en commençant par le tronc.

Continuer par les branches. Le laisser refroidir avant de le décoller.

COPEAUX

Etaler le chocolat tempéré sur le marbre.

Dès que la couverture commence à prendre, la racler à l'aide d'un couteau solide.

FEUILLES

Prévoir des feuilles bien nervurées. Les tremper dans la couverture mise au point.

Les laisser refroidir. Les décoller avec précaution.

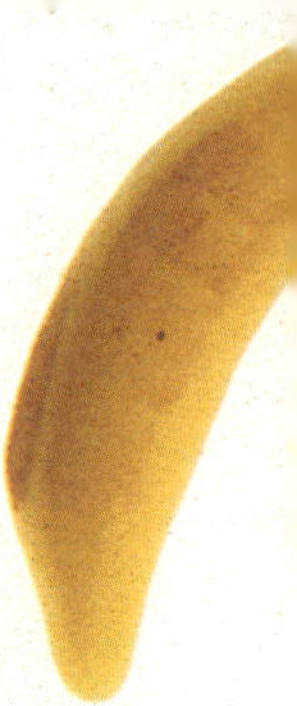

SUJETS EN PATE D'AMANDES

Rose *: façonner le cœur. Etaler des billes de pâte d'amandes avec le dos d'une cuillère.*

Les assembler autour du cœur en les superposant légèrement. Pincer le haut des pétales.

Oeillet *: étaler un boudin de pâte d'amandes. Ecraser un des bords avec le dos d'une cuillère.*

Le décoller en glissant un couteau à lame souple. Plisser la bande entre les doigts. La rouler sur elle-même.

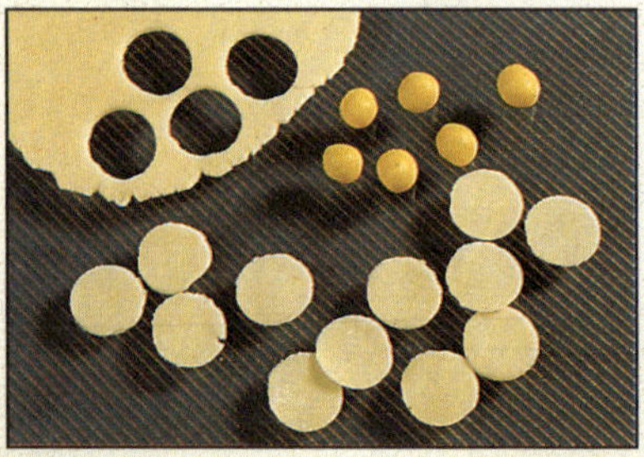

Marguerite *: abaisser finement la pâte d'amandes. Découper les ronds. Préparer des billes jaunes.*

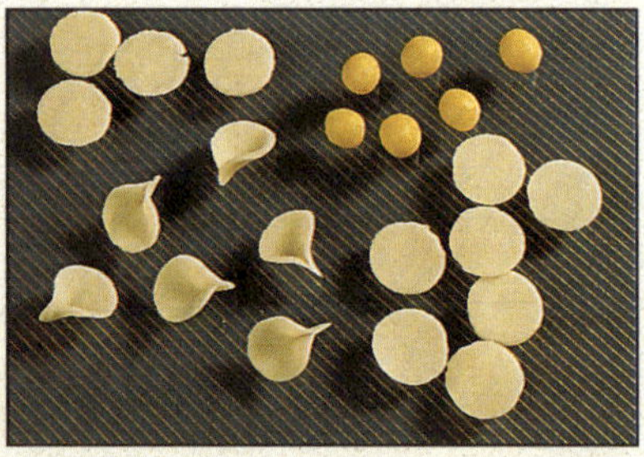

Façonner les pétales en pinçant un côté.

Pincer la base pour ouvrir la fleur. Couper sous les pétales.

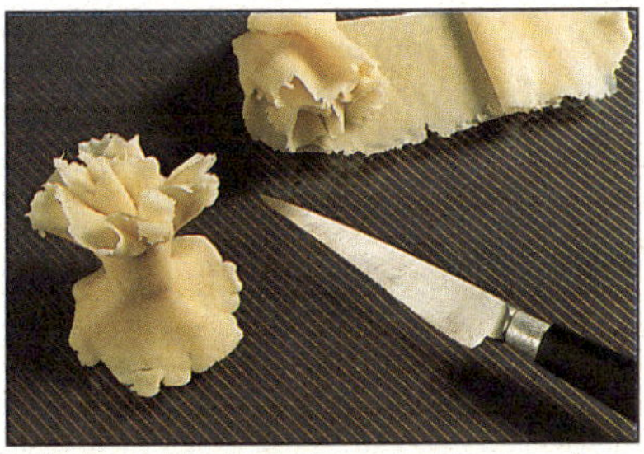

Serrer pour ouvrir l'œillet. Couper la base.

Assembler les pétales. Poser le cœur. Piquer.

TABLE DES MATIERES

GATEAUX